中华先烈人物故事汇

蔡和森

主编 张树军
副主编 王相坤
编著 徐玉凤

学习出版社

目 录

Contents

引 子

旧中国国难当头、民不聊生，有志之士前仆后继，接力探寻，寻找适合中国国情的强国富民的道路。而找到这条道路又能坚持下去并引领群众前行的人，只有少数富有洞察力、富有崇高理想、富有爱国爱民情怀的先驱。蔡和森就是这样率领大家前行的先驱。

蔡和森（1895—1931），中国共产党早期的重要领导人，杰出的共产主义战士，无产阶级革命家、理论家和宣传家。湖南双峰人。1895年3月生于上海，原双姓蔡林，名和仙，字润寰，号泽膺，学名蔡林彬，笔名和森、振宇等。1913年入湖南省立第一师范学习，1915年转入湖南高等师范学校专修科文学部乙班学习。1918年4月同毛泽东等组织新民学会，创办《湘江评论》。1919年在北京参加了五四运动。1920年年初赴法国勤工俭学，同年在法国巴黎组织勤工俭学励进会（后改名为工学世界社）。1921年回国，年底加入中国共产党。1922年5月在中国社会主义青年团第一次全国代表大会上当选为团中央执行委员，9月起任中共中央机关报《向导》周报主编。1924年3—5月任中共北平区委委员兼秘书。1925年10月受中共中央委托赴苏联莫斯科参加共产国际第五届执行委员会第六次扩大会议，会后任中共驻共产国际代表。1927年5月在中共五届一中全会上当选为中共中央政治局委员、常委。1927年6月任中共中央秘书长。大革命失败后，受中央委托为特派员赴天津协助建立中共中央北方局领导机关。1927年8—10月任北方局委员，8—11月任北方局宣传部部长。1928年7月在中共六届一中全会上当选为中央政治局委员、常委，继续担任中共中央宣传部部长。年底作为中共驻共产国际代表团成员派驻莫斯科。1931年初回国，3月被中共中央派赴广东工作，5月任中共两广省委书记。是中共第二、三、四、五、六届中央委员，第三、四届中央局委员，第三届中央政治局成员，第五届、六届中央政治局委员、常委。1931 年 6 月因叛徒出卖在香港被捕，随即被港英当局引渡到广州。8 月 4 日，在广州英勇就义，年仅 36 岁。

蔡和森的一生虽然是短暂的，但他为革命所作的贡献是极为巨大的、永恒的，他用一生的革命行动践行了一个共产党员对党对人民的无限忠诚，对革命事业的勇敢担当和牺牲精神。毛泽东对蔡和森给予高度评价："一个共产党员应该做的，和森同志都做到了。"

01 荷叶童年 思想启蒙

1895年3月30日，蔡和森出生在上海。当时正值中日甲午战争爆发的第二年。中国遭到惨败，北洋水师全军覆没。腐败落后的清朝政府派李鸿章赴日求和，签订了丧权辱国的《马关条约》，中国被迫割让台湾岛及其附属各岛屿、澎湖列岛，向日本支付2.3亿两白银的巨额赔款，日本还得到了西方列强在中国已有的一切特权。这次战败给中国带来巨大震动。从前，中国还只是被西方大国打败，这次，竟被东方的小国日本打败了，而且败得极惨。国之殇，民之痛。落后挨打，让人痛彻肺腑。中国，这个从1840年鸦片战争之后逐步沦为半殖民地半封建社会的文明古国，在甲午战争后，遭到侵略的程度更是大大加深了。帝国主义列强像一群凶猛的野兽，纷纷把魔爪伸向中国。正像列宁所说过的："欧洲各国政府（最先恐怕是俄国政府）已经开始瓜分中国了……它们盗窃中国，就像盗窃死人的财物一样。"

虽然中华民族陷于如此深重的危机，但是中华民族的命运，终究不是帝国主义者所能任意摆布的。面对国家的危亡，民族的苦难，广大有识之士奋起救国。以康有为、梁启超为代表的地主阶级开明知识分子，在北京联络各省举人，联名向清朝皇帝上书，要求政府拒和、迁都、变法。维新志士谭嗣同满腔悲愤地写下沉痛的诗句："四万万人齐下泪，天涯何处是神州。"民主革命的先行者孙中山创建了中国近代第一个民主革命团体兴中会，响亮地喊出"振兴中华"的口号。广大的人民群众，不甘于被奴役的命运，自发的反帝斗争在全国各地蓬勃兴起。而蔡和森，就出生在这个民族危机日益严重，革命风暴山雨欲来的时刻。

链　接

兴中会：中国最早的资产阶级革命团体。1894 年 11 月孙中山在檀香山建立，提出“振兴中华”的口号和“驱除鞑虏，恢复中华，创立合众政府”的纲领。次年 2 月成立香港兴中会，筹划在广州起义，计划泄露，陆皓东等被捕牺牲。孙中山等流亡海外，先后在横滨、旧金山等地成立分会。1905 年与华兴会、光复会联合成立中国同盟会。

蔡和森的老家在湖南双峰县永丰镇。县境内两座山峰耸立，山下有双峰书院，因名双峰县。永丰镇是双峰县的县城，小镇风景优美，以盛产永丰辣酱而闻名。这永丰辣酱便是蔡家世代经营的祖业。蔡和森的祖父蔡寿崧，早年考秀才而未中，曾在曾国藩的湘军中任职，后被遣散回家，继续以经营永丰辣酱为业。到蔡和森的父亲蔡蓉峰承业后，却既不喜欢读书，又不善于经营辣酱园子，长年无所作为，家业逐渐衰落。1890 年，他带着妻子前往上海，凭借其父亲参加过湘军及其岳父家与曾国藩家有亲戚关系，在曾国藩女婿当总办的上海江南机器制造总局谋了一个差事。所以，蔡和森便出生在上海。

链 接

江南机器制造总局：简称上海机器局、江南制造总局、江南制造局，清末官办军事工厂。1865 年李鸿章在上海虹口购买美商旗记铁工厂，并入原有两个制炮局，再加上曾国藩委托容闳从美国购回来的机器，建成该局。1867 年迁高昌庙，扩充为清政府规模最大的军事工厂。主要制造枪炮和修造轮船。该局生产的军火主要供给南、北洋军队，也部分调给各省军队。1905 年，造船部分划出，称江南船坞，兵工部分仍称制造局。辛亥革命后，江南船坞更名为江南造船所，制造局改称上海兵工厂。1932 年淞沪抗战后兵工厂停办，部分机器设备被国民政府折走。全国抗日战争爆发后，折剩的机器设备和厂房均为日军折毁，场地并入江南造船所。

蔡和森的母亲葛兰英，是位女中豪杰，她对蔡和森的一生影响很大。她出身名门，父亲做过清朝的盐运使、按察使，但在葛兰英不到 1 岁时亡故，葛兰英由母亲养大。她聪颖好学，性格刚毅，思想豁达，知书达礼，既有大家闺秀庄重典雅之风，又有热血男儿侠义坦荡之气。她 16 岁时嫁给蔡和森的父亲蔡蓉峰，孝敬公婆，勤俭持家，友睦邻里，厚道贤惠。她极富正义感和爱国心，与女革命家秋瑾的婆家是同乡，秋瑾所为极为葛兰英仰慕敬佩，她经常以秋瑾勇于为革命献身的事迹和精神激励自己、教育儿女。葛兰英育有三男三女，蔡和森是她的第五个孩子，第六个孩子是蔡畅。

蔡和森随父母在上海生活了 4 年。在上海的这些年中，父亲沾染上了一些官僚习气，抽鸦片烟，找小老婆，使本来就很拮据的生活雪上加霜。而他的母亲则对工人充满了同情，经常设法周济贫穷的工人，帮助他们解决困难。由于父母之间差异较大的价值观念和行事风格，他的母亲和父亲之间逐渐产生了隔阂。1899 年，在蔡和森 4 岁时，他的母亲因为周济一位穷苦工人，与父亲发生冲突，气愤之下，其母决定离开上海回老家。于是，蔡和森随母亲回到湖南，寄居在外祖母家。不久，父亲也因工作不顺，离职返乡。他认识到自己原先对待妻儿的不周之处，雇了轿子去岳父家接他们。但蔡和森的外祖母舍不得女儿和外孙们，葛兰英也不愿意回永丰。于是，他们一起搬到离永丰不太远的外祖母家——荷叶镇。在荷叶镇的光甲堂买房置地，安顿下来。

荷叶镇是一个美丽的地方，地处湘乡、湘潭、衡山3个县城的交界处。四面群山环绕，中间地势低洼，从高处往下看，形似一片荷叶。中间有一条涓水河穿流而过，小镇有山有水，景色迷人，生机勃勃。

在荷叶镇，蔡和森度过了愉快而有意义的童年。他和表兄弟们一起嬉戏玩耍，上山拔草，下河捉鱼，学习《三字经》《百家姓》《千字文》等启蒙读物，也读了一些四书五经。

荷叶镇是清朝中兴名臣曾国藩的家乡。曾国藩的故事在当地老百姓中流传甚广，也在蔡和森心中留下很深的印记，他满心钦佩“曾大人”，但他钦佩“曾大人”不是因为他是大官，而是希望成为他那样的大学问家。

蔡和森的母亲有时会带孩子们到曾国藩的故居——富厚堂，让他们受到教育。富厚堂，又名“毅勇侯第”，是当年曾国藩被清廷封为“一等毅勇侯”之后，其弟曾国荃等人帮着建起来的。这是一座宫殿式的建筑。堂上悬挂着清朝皇帝赐的“勋高柱石”金字匾额。整个建筑包括门前的半月塘、门楼、八本堂主楼以及公记、朴记、芳记 3 座藏书楼等建筑，特别是其中的藏书楼，有图书 30 多万卷，颇为壮观。整个建筑呈现一派耕读家风。

链　接

曾国藩“八本家训”：读古书以训诂为本，作诗文以声调为本，事亲以得欢心为本，养生以少恼怒为本，立身以不妄语为本，居家以不晏起为本，居官以不要钱为本，行军以不扰民为本。

葛兰英带孩子们来这里，当然不是要孩子们

去领略曾府的气派，而是要孩子们看些与求学有关的东西，以激励他们上进。富厚堂的各个堂、斋、馆前悬挂的对联、诗词，多为安身立命、励志读书之作，如富厚堂“求阙斋”门两旁挂的对联是：“不为圣贤，便为禽兽；不问收获，但问耕耘。”这副对联的前半句容易理解，但后半句，小小年纪的蔡和森就有些不理解了，他问母亲是什么意思。葛兰英解释说：“这是个比喻，并不是真的说田里的庄稼只管耕种，却不管收成，这是说读书，读书与做其他任何事情一样，先得肯下苦功夫，不能还未用功，就想着读了书以后能干什么，能否金榜题名，能否做多大的官什么的，要先下功夫把书读好，如果不用功，那是不会有任何收获的。”她还指着“求阙斋”内 32 幅圣哲肖像告诉孩子们，这都是古代有学问的人，他们读书都很勤奋，勉励孩子们也要用心读书。

小小年纪的蔡和森对富厚堂的藏书楼最感兴趣，他仰望着高高的藏书楼，心想，若是能天天待在上面，把里面的书都读完，那该多好。后来，蔡和森进入湖南省立第一师范，和毛泽东等成为同学，他刻苦读书，勤奋钻研，后来成为中国共产党的大理论家。

从乡亲们口中，蔡和森也听到了关于曾府的发家史，听到了曾国藩弟兄参加镇压太平天国的种种经历，他逐渐对曾府产生了一种厌恶之情，从此便很少再到富厚堂去玩了。

在母亲言行的影响下，蔡和森与附近的村民一起劳动，他更多地接触到了劳动人民。在劳动中，他建立了对劳动人民的朴素感情。一直到现在，荷叶镇还流传着蔡和森兄妹帮邻居曾老爹种豆的故事。那是在1905年的春天，蔡和森的外婆家有几亩地要种豆，已经请人来下种，蔡和森和小妹蔡畅也去帮忙。当兄妹两人到豆田去劳动的时候，看到邻居曾老爹一个人在地里，又是打行子，又是撒灰，又是放豆种，忙得不可开交，气喘吁吁。蔡和森心想，曾老爹就这么点儿地，一年收成就靠这点地，如果没有及时种上豆，生活就会更加困难。于是就和妹妹到曾老爹的地里帮忙。把曾老爹的地里全种上豆之后，兄妹两人高兴地回到家。把这件事情告诉母亲，母亲赞扬他们，说他们做得对。

02

学徒生涯 受尽苦难

如果没有后来发生的一系列变故，也许蔡和森会在荷叶镇读书、上学，一直住下去。但世事无常，蔡和森家接连发生一系列变故，11 岁的二姐从吊脚楼摔下，不幸身亡。大哥得了白喉，不治而终。接着，外婆不幸病故。蔡和森母亲非常敬重的女杰秋瑾被清廷杀害。这一系列的变故使蔡家遭到沉重打击，荷叶镇也没有什么可以留恋的了。于是，1908 年，蔡和森一家变卖了荷叶镇的房产，回到了老家永丰。

回到永丰后，蔡家的生活状况并没有什么改善。由于家境贫寒，13 岁的蔡和森在本应该读书的年纪，不得不到永丰蔡广祥辣酱店当学徒。

说起这家辣酱店的主人，也不是外人，老板是蔡和森的亲大伯。本来，辣酱店是蔡家祖传的生意，虽然蔡和森父亲的辣酱店由于不善经营而开不下去，但其大伯家的辣酱店非常红火。原以为，到自己亲大伯家的店里当学徒，不但能学到手艺，还可以得到照顾，生活上能好过一点，毕竟一家人嘛。但这位老板只认“孔方兄”，不认远近亲，对自己的侄子并没有什么特殊照顾，他一到店里干的就是成年人的活。3 年的学徒生活，蔡和森受了很多苦，深深体会到穷人生活的不容易。

在旧社会，小孩子到人家作坊里当学徒，都得遵守那天经地义的规矩：学徒 3 年白干，如果主家让做的事情都做得很好，3 年出师能学到些手艺，就可以拜别师父，自己开店。学徒不仅仅要做店里的活，一般来说，还得帮着店主做家务、带孩子，等等。只有 13 岁的蔡和森既认不了多少字，也不会打算盘，当然更不懂得怎么做买卖。他只能做些粗使的活，每天天不亮就起床，先点火生炉子，烧洗脸水，接着打扫铺房，擦桌椅板凳，整理货架，开店营业。营业期间，不得离开店房一步，顾客来了，即便正在吃饭，也得放下碗筷去接待，不得迟延。

除了做这些杂活，他还要参与制作辣酱。辣酱的晒制都是在最热的夏秋时节，太阳越毒，辣酱晒得越好。在辣酱作坊里，斩切辣椒，切不一会儿，手就被辣得生疼，眼睛也被辣得眼泪直流。辣椒切好了，就要在火热的太阳下翻晒。那时候不像现在，有防晒霜、防晒衣，可以保护自己不被晒伤。小小年纪的蔡和森每天赤着上半身，站在火热的太阳底下翻晒辣酱，时间长了，他的皮肤也被太阳晒得和辣酱差不多一个颜色了。除了晒辣酱，还要抬酱缸。他瘦弱得像根豆芽菜似的身板实在不适合做抬酱缸这样的重活，他经常是赤着胳膊，光着脚，吃力地抬着那足可以装 4 个成年人进去的大酱缸，一根根肋骨突出着，一阵风吹过，他那干瘦的小腿似乎要被折断了……

学徒生活再累，蔡和森也不忘读书。他坚持自学，每天干完店里的活，他就在昏暗的油灯下读书，经常读到深夜。读的是他想办法找来的野史、演义、平话等杂书。他是来辣酱店做学徒的，可不

是来读书的。他这“不务正业”的举动自然是不被允许的。因为他熬夜读书之事，没少挨辣酱店店主的训斥。不光是因为他深夜读书，导致他白天干活时没有精神，经常打瞌睡，还因为他晚上读书，点灯熬油的，这得耗费老板多少灯油钱啊，因此，老板看到他读书就生气，经常会夺走他的书，吹灭油灯，大骂他不务正业，甚至把他的书撕掉，拧他的耳朵，看他下次还敢不敢。蔡和森呢，又生性倔强，他在被责罚时，一声不吭，眼睛里射出坚定刚毅的目光。今天被责罚完了，明天呢，他照旧读书不误。

3 年学徒生活，蔡和森并没有在店主的辱骂和极度的劳累中麻木下去，相反，他看清楚了很多东西，面对现实，他在认真地思考着，他感觉自己每天辛苦做活，发财赚钱的却是老板，自己并没有得到什么。他还看到凡是做生意的大老板，有不少是靠投机取巧，贱买贵卖，从劳苦大众身上刮油水来发家的。虽然那时候的他还没学过马克思主义，不明白这就是剥削，但是他已经初步意识到，这是一种很不公平、很不合理的现象。他平时夙兴夜寐，出风入雨，接触到的大多是社会底层做苦力的劳动人民，深切感受到人民群众生活在水深火热之中。他感到再这样做下去，即使是学到做辣酱的手艺，也不能从根本上改变穷苦的命运。他实在不想再干这样的活了，不想再用自己的苦力换取店主的发财了。他从小的愿望就是读书。他要读书，通过读书改变自己的命运，改变天下和他一样做苦工的劳动人民的命运。这个想法在蔡和森的心中越来越强烈。

03 一家三代 赴省求学

好不容易熬到3年学徒期满，蔡和森真是一天也不想在辣酱店里待了。1911年的一天，他把铺盖一卷，对着店主说了一声："我再也不上你们这里来了！"便头也不回地离开了蔡广祥辣酱店。

学徒生活结束，蔡和森并没有学到做辣酱的手艺，而且，他对开店经营实在是没有兴趣。他迫切要求上学，认为只有读书才能不受人欺压。可是此时，他的家庭经济状况非常困难，供不起他读书。后来，还是他的母亲把一些家产变卖，才让他进了初等小学读书。这时的蔡和森，已经16岁了。好不容易才得到这么一个读书的机会，他几乎是同年级孩子中年龄最大的一位。有的同学讥笑他是“太学生”。但蔡和森不理这些讥笑，他极为珍惜这难得的机会，读书十分刻苦用功，如饥似渴地阅读各种书籍。校长见他勤奋好学，热心地介绍各种书报给他，并及时进行辅导。他日夜勤奋读书，进步很大。

在永丰民间，还流传着蔡和森买墨的故事。蔡和森上学不久，在镇上一家笔墨店看上了一个“三元”宝字的小香墨，老板听说他才读书不久就能赋诗作对，就有意考考他，对他说：“我拿个出笔给你对，对出了，此墨奉送；对不出来，你就莫想。”蔡和森大着胆子回答：“好吧，请老板先做出笔。”老板说：“小学生买墨，三元及第。”蔡和森脱口而出：“大老板经商，四季发财。”老板翘起大拇指连声夸赞，说蔡和森真是奇才。蔡和森买墨的故事在永丰的街头巷尾流传开来。就这样，仅仅用了一个学期，他就跳级考入了双峰高等小学。

在双峰高等小学，蔡和森的各科成绩都很优异，尤其是他写的作文，深得老师和同学们的赞赏，经常被老师拿到班上传阅。他涉猎广泛，尤其喜欢语文、历史等课程。他关心时政，喜欢阅读学校订阅的各种报刊。他不只是学习书本知识，而且能根据书本上的理论去思考问题。他平时埋头读书，不多言多语，但一旦讲起时事问题，便慷慨陈词，滔滔不绝，谈古论今，极有见地，他的见解深为同学们所折服。他以改变中国社会现状、实现国家民族富强为读书目的，把顾炎武的“天下兴亡，匹夫有责”写在纸上，贴在课桌上，时时鞭策自己。

蔡和森在双峰小学读书时，中国社会发生了巨大变化。1911 年，辛亥革命爆发，推翻了清王朝封建统治。1912 年 1 月，中华民国临时政府成立。2 月，清帝退位。蔡和森了解到一些辛亥革命的消息和革命党人的活动，对孙中山为救国救民历尽艰难始终不渝的革命精神十分敬佩，把他作为自己学习的榜样。南京临时政府颁布了剪辫子的通告后，蔡和森在学校里第一个把头上的辫子剪掉了。他一面宣传辛亥革命的意义，一面劝说同学和家人剪辫子。在他的带领下，他的母亲和哥哥蔡麓仙都剪掉了辫子，还有他的妹妹，也不再裹脚。他家的这种行动，对于永丰镇冲破封建习惯势力的藩篱，起到了很大的带动作用。

受辛亥革命思潮影响，蔡和森认识到只有革命才有出路，他为革命追求真理的渴望更加迫切了。1913 年，蔡和森 18 岁了。双峰高小的学习已远远不能满足他对真理的渴求。他决心到长沙去。这年年初，他没等到高小毕业，就离开双峰，来到省城长沙。

当时的长沙，是湖南省政治、经济和文化中心，在这里，新与旧、光明与黑暗，进步与落后、革命与反动之间的斗争在激烈进行着，袁世凯篡夺了辛亥革命的胜利果实，北洋军阀的魔爪也伸进了湖南。封建顽固派为恢复旧秩序在拼命挣扎，帝国主义的侵略掠夺更为野蛮贪婪，人民生活更为困苦不堪。一些仁人志士提出工业救国、实业救国、教育救国等呼吁。广大具有远大抱负的青年学生纷纷投身救国救民的热潮。

来到长沙的蔡和森也投入时代的大潮。选择什么学校就读呢？他并不反对攻读自然科学进行实业救国的主张，但他认为，当务之急是把自己造就成为对改造社会有用的人才。无论学自然科学，还是学工业制造，都不能远离政治。所以，他认为，应该选择在政治上比较进步的学校。根据自己对文史的爱好，他准备报考师范院校。但正好就在他选择学校的过程中，有人向他推荐了湖南铁路学校。湖南铁路学校前身是同盟会会员龙毓贤创办的铁路学堂，革命党人在这里的活动很频繁，学校的革命氛围也比较浓厚。于是蔡和森就去报考了。

报考这所学校时，还发生了一些波折。因蔡和森没有高小毕业证书，报名遭到拒绝。蔡和森据理力争，他详细介绍了自己的学习情况，得到校方的同情，允许他报考。结果在考试时，他的作文形式新颖，文笔流畅，论述精辟，见解独到，而且字迹刚劲，书写工整，阅卷老师大加赞赏，在满分100分的情况下，破例给了他105分，并作了标记，在阅卷老师中传阅。除作文以外，其他各科考试，蔡和森也都得到了优秀的成绩。就这样，本来没有报考资格的小学未毕业的蔡和森以“优等生”名义被录取了。而且，105分的故事迅速传遍了长沙，还传到他的家乡永丰镇，乡亲们都为蔡和森感到自豪。

这所学校设有数理、建筑、机械等课程，蔡和森用心学习，取得了不错的成绩。但他的关注点更多是在现实政治方面。他觉得作为一个有志青年，必须肩负起改造社会的责任，必须积极参加革命斗争。否则，一切科学救国、实业救国的说法，都无从谈起。在铁路学堂就读不到半年，这所学校就停办了。蔡和森只好回到家乡永丰。

这时候，他了解到湖南省立第一师范学校扩招两个预备班共 120 人，而且学校不收学费，还供给膳食费，毕业后还可以分配工作。这非常符合家庭经济条件困难的蔡和森的要求。于是，他以优异成绩考入了湖南省立第一师范学校。在这里，他与毛泽东相识，并结为志同道合的挚友。一师的校歌是这样唱的:“衡山西，岳麓东，城南讲学峙其中。人可铸，金可熔，丽泽绍高风。多材自昔夸熊封，男儿努力，蔚为万夫雄。”一师校歌从此成为激励蔡和森为实现远大理想而奋斗的战歌。在杨昌济、徐特立、方维夏等进步老师的引导下，蔡和森以极浓厚的兴趣钻研文学、哲学、历史，同时，他深切关注着社会问题，思考着如何挽救苦难深重的中国。

链 接

湖南省立第一师范学校：学校旧址位于湖南省长沙市天心区书院路，享有“千年学府，百年师范”的美誉。该校前身是南宋理学家张栻于1161年创办的城南书院。1903年始立湖南师范馆。1903年11月，湖南师范馆与城南书院合并为湖南全省师范学堂。1904年，湖南全省师范学堂改名为中路师范学堂。辛亥革命后，1912年改中路师范学堂为湖南公立第一师范学校。1914年3月，改名为湖南省立第一师范学校。这所学校有着光荣的革命历史和优良的教育传统。中国现代革命史上许多著名人物如毛泽东、蔡和森、何叔衡、任弼时、李维汉等曾在此学习。

蔡和森不仅自己到省城求学，他还深切关心着母亲及姐妹们的进步问题。在苦难深重的旧中国，女孩子的命运更是苦上加苦。即使在蔡和森家中，有一个开明大义的母亲主持家务，几个女儿的命运比同时代的其他女性稍好一些，但仍然摆脱不了社会大势的影响。他的大姐蔡庆熙，1908 年嫁给衡山县刘家，两年后生一女儿，蔡和森为其取名刘千昂，取“昂昂若千里之驹”之意。1910 年后，小千昂的父亲刘文炳不幸病逝。刘家虐待庆熙母女，不仅逼庆熙改嫁，还要将不满 3 岁的小千昂送人家作童养媳。蔡和森在母亲的要求下，去刘家讲理。他把刘家邻里几位德高望重的父老、知书达理的亲友都叫到一起，把在长沙耳闻目睹的革命党人的事迹尽情地讲述一遍，说服了各位乡亲，用长衫把小外甥女兜起抱在怀里，领着姐姐径直走出刘家，回到了永丰镇。也是在这一年，蔡和森的父亲为了 500 块银洋的聘礼，竟然许诺将 13 岁的小女儿咸熙（蔡畅）给一个财主作小媳妇。多亏了母亲的葛兰英坚决反对，才避免了这场买卖婚姻。蔡和森对父亲的行为愤慨不已。在省城读书的他一直牵挂着母亲和姐妹们，他要想办法让她们出来读书。

机会终于来了。辛亥革命后的长沙，风气较为开放，思想也比较活跃。读书救国的呼声，得到了广大青年及社会各阶层人士的赞同。为改变当时中国社会各阶层群众文化知识匮乏的现状，各种新式学校纷纷设立，其中就有一所“女子教育养习所”，就是为了教授妇女职业知识而设立的。在省立第一师范读书不久的蔡和森知道这所学校后，他觉得这是母亲和姐妹们走出那个封建家庭的最好机会，于是他给母亲连发两封加急电报，催促母亲尽快来长沙报名，同时写信详细告知学校的有关情况，比如学校专门为女子教育培养师资，学成后可以有资格任教师，只要有高小文化基础的都可以报考，学校不收膳食费，等等。

蔡和森的母亲接到儿子的电报后，高兴不已。她决定去省城。这个想法遭到了蔡和森父亲的反对。立志追求新生活的蔡母意志坚决，年近半百的她毅然带着大女儿庆熙、小女儿咸熙，还有外孙女千昂，意气风发地来到了长沙。她希望进入女子教育养习所学习，她改名葛健豪，前去报名，但校方以其年龄太大，给以拒绝。蔡和森替母亲写了个呈文，递到长沙县署，指控学校不准公民行使受教育的权利。县署看到呈文后，被蔡母立志求学的精神感动，批了“奇志可嘉”四字，并派人通知教育养习所破格录取。这件事立即被当作“奇闻”在长沙传开了。同去长沙的蔡畅进了周南女校初级班，庆熙因文化程度较低，先进自治女校缝衣班，后转衡粹女校，外甥女千昂则入周南女校附设的幼稚园。这样，蔡和森一家三代五口人都在长沙求学，一时传为佳话。

04 读书求学 良师益友

1914 年开始，蔡和森在湖南省立一师读书，1915 年秋，考入湖南高等师范学校。在此期间，他初步确立了“读书救国”的思路。他经常与老师和同学们谈论读书的目的，认为升官发财不是读书的目的，读书的目的是寻求真理，救国救民。在长沙读书期间，他有幸遇到了杨昌济等优秀的老师，有幸结识了毛泽东等志同道合的朋友。

蔡和森学习勤奋，每天手不释卷。他读书异常刻苦，几乎把所有的钱都用来买书读。如果他有两个铜板，一定只用一个来买点吃的充饥，留着另一个买书。如果他只有一个铜板，那他宁可饿着肚子把自己关在房间里读书，甚至一两天不吃东西也不叫苦。他除认真钻研学校规定的功课外，还经常到图书馆博览群书。他把大部分时间都花在图书馆，按照自己的读书计划，尽可能多读有益的书，多吸收新知识、新思想，增进自己为社会服务的本领。他借阅了大量有关文史、哲学、自然科学等方面的书籍，尤其对于中外历史，很感兴趣。他的案头床头，摆满了各种书籍。有时研读入神，心不外驰，竟忘记了上课的时间。他的妹妹蔡畅曾回忆说："我这哥哥非常聪明好学，他可以关在房间里，一点饭也不吃地念一两天的书。"

蔡和森读书的范围非常广泛，他既读西方近代自然科学的书，也读中国古代的经典。他并不是死读书，他认为读书的目的在于改造社会，救国救民。只会揣摩诗文不算学问，真正的学问是从历史现象中找出能认识今天社会现象的真理。他喜欢读墨子的书，认为墨子是一位杰出的思想家，他十分赞赏墨子的"兼爱"思想，认为当时社会动乱正是由于"饥者不得食，寒者不得衣，劳者不得息"，"乱者不得治"，人们缺乏"兼爱"思想所致。蔡和森还非常欣赏墨子所说的"兴天下之利，除天下之害”的思想，把这种思想解释为让天下人都过上饱食暖衣、和平幸福的生活。墨子说过的“只计大体之功利，不计小己之利害”，蔡和森把这句话理解为，要使天下人都得到好处，就要不惜牺牲自己的一切，即令屈节辱身，也在所不辞。

专心刻苦读书的同时，蔡和森也在密切关注着社会现实的发展。1914 年，第一次世界大战爆发，欧洲各帝国主义国家先后卷入战争，日本帝国主义加紧侵略中国，出兵山东，强占青岛，并于 1915 年 1 月向袁世凯政府提出旨在灭亡中国的“二十一条”草案。在内忧外患的情况下，1915 年 12 月，袁世凯悍然称帝。他的倒行逆施，很快遭到各派反袁力量和全国民众的坚决反对。长沙船山学社公开举行反袁的讲演，蔡和森经常和毛泽东一起去听讲。他们还以学友会名义组织本校学生游行，抵制日货，反对承认“二十一条”。还写作了反对袁世凯的文章，作为传单散发。

在袁世凯为代表的北洋军阀黑暗统治下，当权者用封建思想禁锢人们的头脑，维护自己的统治。在日益深重的民族危机之下，先进的中国人逐步认识到，仅仅靠西方政治制度的移植难以救中国。要从根本上改造中国，必须有文化的觉醒和思想的启蒙。最先倡导并吹响思想启蒙号角的，是后来被誉为“进步思想界的明星”“五四运动的总司令”的陈独秀。1915 年 9 月，陈独秀创办《青年杂志》，后来改名为《新青年》。倡导文学革命，提倡科学与民主。在思想文化领域掀起一场以民主和科学为旗帜，向传统的封建思想、道德、文化宣战的新文化运动。陈独秀成为新文化运动的主将。

《新青年》深深吸引了蔡和森，他对每一期都反复阅读，深入钻研，还经常和毛泽东、邓中夏等同学谈论《新青年》，思考和讨论《新青年》提出的各种问题。在《新青年》宣传的民主与科学的新思想影响下，蔡和森经过多方努力，编出《中国近百年来的国耻史纲》，痛诉中华民族的屈辱历史，在学校师生中引起强烈反响。

杨昌济老师是蔡和森最喜欢的老师。杨老师早年留学日本和英国，在教育学和哲学上，有较高的造诣，对于中国的旧文化尤其是宋明理学，也有

新靑年
LA JEU
E
先生主撰

较深的研究。他把自己长期从事中外学术思想的研究、考察所得，加以抉择批判，融会贯通，形成一种比较有进步性的伦理思想和讲究实践的人生观。他在讲授课程中，阐述了他对于做人处世、读书治学的主张。他认为做人要有独立奋斗的精神，要有远大的理想。要为社会做事，不要混世；读书治学要“贯通古今，融合中西”，在学习外国的问题上，他强调必须结合国情，具有批判精神，修身做事要注重实践，要有毅力，要深谋远虑，生活要严谨刻苦。他躬身实践自己的主张，以身作则，对学生循循善诱，希望他们都能成为公正、有道德、有正义感和有益于社会的人。他把培养青年一代看成自己崇高的责任。在一师的学生中，毛泽东和蔡和森是他极为欣赏的两个学生，认为这两个学生是挽救中国必须倚重的人才。毛泽东和蔡和森在杨昌济老师的指导下，进步很大。他们两个经常到杨老师的家里，探讨治学、做人、救国的方法。

在长沙，蔡和森与毛泽东、萧子升、罗章龙等成为经常见面讨论问题的好朋友，特别是他与毛泽东结为志同道合的挚友，在很多问题上有着相同的见解。他们经常在课余畅游湘江，游完后在岸上或坐或睡或赛跑，兴之所至，随意漫谈，主要谈的还是如何救国救民的问题。当时，同学们称蔡和森是理论家，毛泽东是实践家。在湖南长沙有许多历史名人的遗迹，如楚国屈原故居，西汉贾谊祠，大诗人杜甫曾居住过的岳麓山上的崇德寺，南宋文学家、抗金名将辛弃疾练兵之地长沙飞虎营等。蔡和森与毛泽东等同学经常来这些地方游览。从辛弃疾的“醉里挑灯看剑，梦回吹角连营”“沙场秋点兵”等慷慨激昂的著名诗句中，总是受到深深的感动。在杜甫住过的崇德寺，他们谈起诗人杜甫，说杜甫是一位了不起的诗圣。但蔡和森发表了不同于大家的看法。他既赞扬杜甫是一位伟大的了不起的现实主义诗人，同时又指出杜甫的弱点是过于强调儒家的理论。对于影响很大的湖南著名学者王夫之（王船山），蔡和森也能客观全面地对他作出评价，他认为:“王船山是我们湖南有名的学者。他不做官，专门著书立说。在他的书中充满了反抗外族、光复中国的思想，这在当时影响很大。但王也受儒学的思想影响很深，我们要取其精华，弃其糟粕”。他的这些不迷信前人的先进思想，是他后来能很早接受马克思主义、成为马克思主义理论家的重要思想基础。

链　接

湘江三友：在湖南省立第一师范的学生中，有3个杨昌济老师的得意弟子，他们是：毛泽东、蔡和森、萧子升。他们品学兼优，志趣相投，经常在一起读书研讨，被称为“湘江三友”。他们之中，毛泽东、蔡和森后来接受了马克思主义，成为中国共产党、中国革命的领导人。而萧子升则信奉无政府主义，一度在国民党内任职。新中国成立后长期旅居国外，从事文学教育事业。

1917年6月，蔡和森从湖南高等师范学校毕业。1914—1917年，蔡和森在一师和湖南高等师范读书3年，这3年，是他认真读书的3年，是他集中精力向古今中外探索真理的3年，是他用新的思想、新的理论去解释社会现象，寻求今后斗争方向的3年。经过系统的学习，他在学识方面打下了深厚坚实的基础，为以后进行更广泛的探索准备了必要的条件。

05 同学少年 共约新民

新民学会是在新文化运动和俄国十月革命影响下在湖南地区成立的一个重要的革命团体，在五四运动以后，中国共产党成立之前，新民学会为湖南地区的建党建团工作做了思想上和组织上的准备。这个学会的发起人就是毛泽东和蔡和森。

1917 年，蔡和森以优异成绩从湖南高等师范学校毕业后，为了继续同在省城求学的毛泽东等探讨救国救民之道，他把一家人包括母亲葛健豪、姐姐蔡庆熙、妹妹蔡畅及外甥女刘千昂等都搬到省城居住，先是住在岳麓山下的饮马堂，不久迁居刘家台子。蔡和森暂时没有找到工作，一家人的生活主要靠妹妹蔡畅在周南女校任教的微薄收入来维持。

有时无米为炊，蔡和森就提着一篮子书到爱晚亭去看书，整天也不回来。他发奋自学，读书自修。对于如何读书，当时社会上普遍流行着这样的倾向，提倡新文化的人往往摒弃旧书不读，墨守旧文化的人则往往排斥新书，形成一种非此即彼的状况。而蔡和森不是这样。他认为，要改造中国落后面貌，既要向西方寻求真理，掌握西方先进科学技术，但同时，西方的文化制度放到中国，也不一定完全都适用。必须“斟酌国情，古制之善者存之，其不善者改之；西制之可采者取之，其不可采者去之”。也就是说，要采取拿来主义的方法，对中国古代文化，对西方现代文明，适合中国国情的就采用，不适合中国国情的则抛弃。这是对当时盛行的“全盘西化论”和“保存国粹论”的有力批评，是蔡和森博览群书，兼收并蓄，勤于思考，关注现实的结果，是他实事求是的治学精神的现实表现。可以说，这种读书方法为他后来转变成为马克思主义者打下了基础。

在长沙，蔡和森不仅刻苦自学，还积极进行身体和意志方面的锻炼。他一般是每天早晨4点半起床，到天马山顶，静坐，运动，9点左右下山。10点吃早饭，早饭后读书两小时，下午或游走各处，或挖土种菜，有时也看书。下午4点半午饭后，继续静坐、运动、读书。后来由于受到毛泽东的“野蛮其体魄”的影响，更有意识地增加锻炼强度，取消了静坐法，坚持进行激烈的运动。例如，冒着暴风骤雨登上岳麓山，体会“纳于大麓，烈风暴雨弗迷”的境况，在腿上绑着沙袋跑步和爬山以锻炼脚力，无论春夏秋冬，每天早晚坚持冷水浴，有时冒着秋冬寒风，与毛泽东、张昆弟等一起，结伴到湘江游泳，举行登山、远足、划船、露宿等活动。他们还经常一道漫游农村，了解民情。这些活动，展现出这些风华正茂的热血青年“指点江山，挥斥方遒”的豪迈气概。

为团结更多同学共同奋斗，1914年，毛泽东、蔡和森、萧子升等共同发起组织“学生自治会”，旨在团结同学，开展各种社会活动。次年改为“学友会”，以“砥砺道德，增进知识，养成职业，锻炼身体，联络感情”为宗旨，主要是组织学生进行各种知识技能研究和学术研讨，以及购置新的书报杂志，同时参与校方的行政管理和制定教学方案等工作。毛泽东任总干事兼教育研究部部长，蔡和森担任讲演部部长，讲演部的宗旨为“练习语言，增加知识”。可以说，这个新型的团体，为后来蔡和森与毛泽东等一起组织新民学会奠定了基础。

慢慢地，在毛泽东、蔡和森等人周围，聚集起 20 多个志同道合的挚友，他们经常在一起，在老师杨昌济的辅导下，研究学问，畅谈国事。他们也经常聚在蔡和森家，切磋学习心得。于是，蔡和森家逐渐成了这些青年聚会的场所。经过一段时间的研究和讨论，他们有了一个共同的感觉，国家要改造，社会要进步，非集合同志、组织一个团体不可。

1918 年春，蔡和森与毛泽东一起出门游学。这一行，他们两人前往了湘阴、岳阳、平江、浏阳等几个县，徒步周游了洞庭湖边的部分地区，原计划两三天，实际上走了一个多月。到了县城乡镇，遇到官绅人家，他们就敲门拜访，给人写对联，他们俩都写得一手好字，文化水平又高，随口而出的对联都是很好的联句，人家不但管吃饭，有的还给他们一点路费。到了农户，则帮农民干活，农民则留他们吃餐饭。有时找不到人家，就用野菜野果充饥。就这样，他们风餐露宿，读“无字书”，了解沿途各县的地理环境和风土人情，了解农民的生产、生活情况，了解地主和佃户的租佃关系和收租、交租情况，了解贫农所受的剥削、压迫情况，等等。

就在这次游学的路上，他们详细讨论了成立新民学会的问题。回到长沙后没几天，1918 年 4 月 14 日，就在岳麓山下的刘家台子蔡和森家召开了新民学会成立大会。参加大会的有毛泽东、蔡和森、萧子升、何叔衡、张昆弟等 13 人，再加上没有到会的李和笙（维汉）、周世钊等人，最初的会员有 20 余人。这些青年学生都具有强烈的爱国心和积极向上的精神，都是品学兼优、很有抱负的青年，都希望为国家、为民族、为社会有所作为。经过讨论，通过了会章，以“新民”为会名，以“革新学术，砥砺品行，改良人心风俗”为宗旨，希望会员之间切磋学术、砥砺品行，互帮互助，共同向

上。除了宗旨以外，学会还有必须遵守的五项纪律，一是不虚伪，二是不懒惰，三是不浪费，四是不赌博，五是不狎妓。这五项纪律，正是针对当时社会上流行的陈规陋俗而制定的。反映了新民学会会员严格要求自己，提倡和践行一种崭新的社会风气、进而实现社会改造的美好愿望。

链　接

新民学会名字的由来：据李维汉回忆，新民学会的命名是蔡和森首先提出来的。蔡和森根据《礼记·大学》篇中有“在明明德在新民”，《书经·汤诰》篇中也有“新民”这个词，还有当时颇受进步青年推崇的梁启超也倡导“新民为当务之急”，因而认为“新民”二字包含着进步与革命的意义，用这个名称最能代表大家的意愿。蔡和森提出后，大家都觉得很有意思，于是，就将这个革命团体定名为“新民学会”。

在茫茫黑夜、荆棘遍地的时候，这一群团聚

在毛泽东、蔡和森周围的有志青年，互相之间建立了深厚的友谊，他们为了共同的理想，而组织起来。这天，蔡和森的母亲葛健豪、妹妹蔡畅，特意为大家做了一顿丰盛的午餐，庆祝新民学会成立。下午，大家来到湘江边的沙滩上座谈。他们决心担负起挽救国家、改造社会的责任，积聚更多的革命力量，为推动中国革命事业的前进而努力奋斗。他们的革命豪情，就像奔流的湘江，伸向天际，汇入无边的大海，迎接东方升起的曙光。

06 向外发展 北京之行

新民学会成立之后的一个重大活动，就是组织赴法勤工俭学。

新民学会成立后，面临着一个很大的问题，就是会员们的升学和就业问题。当时由于湖南反动军阀横行霸道，教育也受到很大的摧残。广大青年学生毕业后，升学无路，就业无门。在这种情况下，如何发挥团体的作用，使大家积极向上，这是蔡和森和所有会员们都在考虑的问题。蔡和森对这个问题思考得更深。他觉得应该依靠集体的力量多造就做事之人，并在其未做事之时，求得真才实学，为能够做事打好根基。

第一次世界大战以后，具有初步共产主义思

想的知识分子，在看到学习外国革命经验特别是十月革命经验的极端重要性以后，便在北京、湖南、广东、四川等地，积极倡导和组织青年学生参加留法勤工俭学活动。在湖南，蔡和森和毛泽东就是最积极的倡导者和组织者。

链　接

留法勤工俭学运动：五四运动前后大批青年知识分子到法国勤工俭学的留学运动。最初是在辛亥革命以后，由受到西方资产阶级思潮影响的教育界人士蔡元培、李石曾、吴玉章等发起的。第一次世界大战期间，法国政府曾在中国招募了十五六万人去做战争勤务。后来又继续来中国招募工人。这时，曾先后居留法国的蔡元培、李石曾等人，在北京创办了一个留法勤工俭学会，以“勤于做工，俭以求学”为号召，倡导青年利用这个机会在法国一面工作，一面求学。1915 年在巴黎成立勤工俭学会。1916 年在巴黎成立华法教育会。1919 年五四运动后，数以千计家境贫寒的知识青年通过华法教育会的介绍赴法国，一面做工，一面学习，使这一运动达到高潮。来自全国各地的20批2000余名学生赴法国学习，为中国培养了大批人才。蔡和森、赵世炎、周恩来、邓小平等先进知识分子在法国期间接受了马克思主义，组织了旅欧共产主义青年团和中国共产党旅欧支部，回国后成为中国共产党的重要领导骨干。

正在蔡和森、毛泽东等人为新民学会会员们下一步的行动方向考虑谋划时，已经应聘到北京大学任教的杨昌济老师来信，转告了北京正在组织赴法勤工俭学的情况。毛泽东、蔡和森等人立即商量，一致认为，如果能去法国勤工俭学，既可以做工，又可以求学，更重要的是可以就近了解苏俄和欧洲的革命情况，于是，决定在湖南组织赴法勤工俭学运动，并决定派蔡和森赴北京联络具体事宜。

于是，蔡和森把全部心思放在组织赴法勤工俭学这件事上。1918年6月23日，他从长江乘轮船起程，至汉口搭火车，于25日到达北京。当轮船驶入烟波浩渺的洞庭湖时，遇上狂风骤雨，他举目眺望波涛汹涌的湖面，联想到久被帝国主义、军阀铁蹄蹂躏的家国，心潮澎湃，思绪万千，有感而发，赋诗一首《少年行——北上过洞庭有感》:

大陆龙蛇起，乾坤一少年。
乡国骚扰尽，风雨送征船。
世乱吾自治，为学志转坚。
从师万里外，访友人文渊。

匡复有吾在，与人撑巨艰。
忠诚印寸心，浩然充两间。
虽无鲁阳戈，庶几挽狂澜。
凭舟衡国变，意志鼓黎元。
潭州蔚人望，洞庭证源泉。

从这首诗写成到今天，百年时空已去，诗中抒发的凌云壮志和匡时救民的初心情怀，仍然让人激动不已。

怀着满腔救国救民的热情，蔡和森来到北

京。他寄住在杨昌济的家里。先后拜访了华法教育会的主持人蔡元培、李石曾等人，向他们陈述了湖南青年加入赴法勤工俭学行列的要求，请求给以安排。蔡元培也将自己正谋划网罗海内人才的计划告诉蔡和森，鼓励他多联络青年到北京来，以开创可大可久之基。

由于当时赴法勤工俭学尚处于创始阶段，有许多问题需要解决。最要紧的是经费问题，赴法旅费每人需要几百元，到法国后一段时间的开支也需要一大笔钱。出国前还要举办补习班，组织学生学习法文。如何解决这些问题？蔡和森想起家乡的一句俗话："多人打水始有饱鱼吃。"应该召集更多的有志青年来做这件事。于是，他将在北京联络的情况写信告诉毛泽东等朋友，要求他们把众多的青年都发动起来，以造成一种巨大的声势。蔡和森还特地邀请在北京的湖南知名人士熊希龄、章士钊等人，帮助筹划款项。事情非常庞杂，必须有一个得力的人在国内主持这些事情。蔡和森写信迫切地要求毛泽东来北京主持这一工作。

毛泽东接到蔡和森的信后，偕新民学会会友

罗学瓒、张昆弟、李维汉等20余人，于8月从长沙启程赴京。蔡和森听说毛泽东已经到北京的消息后，兴奋不已，立即赶到毛泽东住处叙谈。毛泽东到北京时，开始住在杨昌济老师家中，后来搬到地安门内三眼井，与蔡和森、罗学瓒等8人住在一起，“隆然高炕，大被同眠”，过着清苦的生活。他们请了一个老大爷帮忙自办伙食，吃的是窝头和咸菜，8人共一件大衣，大家轮流穿着外出。蔡和森同毛泽东一起，到长辛店铁路工厂等处，在产业工人中作社会调查，了解中国无产阶级劳动和生活的情况。有时，他们一起到故宫前漫步，到公园里游览，或寻胜访幽，或谈今论古，古都的美丽给这些充满希望的年轻人增添了不少生活的乐趣。他们为赴法勤工俭学的事忙碌着，心中充满了希望与激情。

在北京，蔡和森不仅为留法勤工俭学不停奔忙，他还如饥似渴地探索当时世界的新思想和新学说，努力探求改造中国的革命道路。在北京的两个月时间内，蔡和森还拜访了李大钊，参加了李大钊等人发起的“少年中国学会”。李大钊作为中国第一个传播马克思主义并主张向俄国十月革命学习的先进分子，在蔡和森见到他之前，已经发表了《法俄革命之比较观》《庶民的胜利》等文章，热烈赞扬十月革命，指出无产阶级的社会主义革命是世界历史的潮流。在李大钊的影响和启发下，蔡和森也初步认识到中国应该走俄国十月革命的道路。更坚定了他赴法的决心和信心。

当时，为做好到法国勤工俭学的准备工作，蔡元培、李石曾同意为湖南青年先办三处预备班，分别设在北京大学与河北保定、蠡县，以后又在长辛店开办半工半读的预备班。设在河北蠡县布里村的预备班，主要由蔡和森负责组织。布里村是一个不大的村庄，四周一马平川，村里树木郁郁葱葱，充满了勃勃生机。留法预备班以学习法文为主，也学一些文化课，如国文、物理、化学等知识，学员们还到学校附近的简易工厂学习工艺技术知识和操作技能，以便到法国后可以到工厂打工维持学习生活。

在布里村，蔡和森与学员们朝夕相处。他是这个班的负责人，类似于现在大学里的政治辅导员，负责学员们的思想、学习和生活。他生活俭朴，总是穿着一件粗布衣衫，作为南方人，与同学们一起吃玉米面窝窝头、玉米面饼子、大咸菜、小米粥等北方家常饭。有的南方同学不习惯吃这些东西，就跑到集市上去买点好吃的，被蔡和森发现后，总会给以严厉的批评教育，他常说："现在吃不得一点苦，以后到法国怎么勤工俭学呢！"

他平时不苟言笑，说话不多，总是在思考问题。他对学员们严格要求的同时，又非常关心学员们的生活。他待人极为热情，工作兢兢业业，认真负责，总是不辞辛苦地奔波忙碌着。当时从湖南来参加勤工俭学的唐铎、朱春成等几位同学，都是十四五岁的样子，年龄小，还缺乏独立生活的能力，蔡和森为大家考虑得很周到，吃的、住的、用的、学习、劳动，等等，他都为大家安排好了，使这些远离家乡的青少年得以安心学习。

蔡和森非常注重学员们的体育锻炼问题。在学校不开设体育课的情况下，他带领同学们锻炼身体。他告诫同学们，身体是在世界上做事立业的根本。利用早晨和课余时间，蔡和森带领同学们学习武术、打拳，练八段锦。他还带领同学们在学校前面的空地上挖了一些和脚一般宽的土坑，要同学们站在里面直着腿向上蹦，这样练久了，可以增强弹跳力，有利于增强体质。

在布里村，蔡和森既是学生们的“政治辅导员”，还是一起学习的同学，和同学们一起学习法语，又是老师，给这些学生们上国文课。他的国文课讲得生动有趣，很受学生们欢迎。他常给同学们讲墨子的故事。讲墨子为了劝阻楚国进攻宋国，一连跑了十几个昼夜，脚磨破了，把上衣撕碎了包上继续赶路，终于到了楚国，说服了公输般，说服了楚王，使楚宋两国避免了一场互相残杀，使两国的老百姓生活免于涂炭。他告诉同学们，墨子不仅是科学家、工程家，而且还是一位肯于吃苦劳神而又求实的思想家，墨子总是布衣粗食，生活十分俭朴，却不辞辛苦，为老百姓做事。他要求同学们学习墨子为天下人兴利除害、为人民群众造福的行为和精神。

除了讲中国传统文化，蔡和森更多的是为同学们讲马克思、列宁的学说。他讲十月革命、布尔什维克、劳农专政等最新鲜、最生动的东西。他说列宁在苏俄实行的与墨子的理想近似，但比墨子的学说更彻底、更深刻、更伟大。他给同学们读报纸，讲时事，讲授俄国十月革命后的情况和国际工人运动的形势，揭露帝国主义武装干涉企图扼杀苏维埃政权的罪恶行径，每当读到或讲到布尔什维克在前线胜利的消息时，他总是兴高采烈地挥动胳膊大声说："劳农专政的国家是不可战胜的！"蔡和森成为这所留法预备学校里最受尊敬的人。

在布里村的培训结束后，蔡和森回到北京，继续为筹备赴法的经费而奔忙。1919年5月4日，反帝反封建的五四爱国运动爆发。蔡和森领导在北京的湖南学生参加了这一轰轰烈烈的爱国运动，经受了革命的洗礼。

五四运动的爆发是由于反对帝国主义列强在巴黎和会上损害中国主权、反对北洋政府的卖国政策。从1919年1月开始，第一次世界大战的战胜国就在法国巴黎召开和平会议。这个会议名为和平会议，实际是由当时的世界五大强国，即英、法、美、日、意5个帝国主义国家操纵的重新瓜分世界的会议。作为战胜国之一，中国也参加了会议。中国代表在会上提出废除外国在中国的势力范围、撤退外国在中国的军队和巡警、撤销领事裁判权、归还租界、取消中日“二十一条”及换文等正义要求，但是都遭到拒绝。在讨论德国的殖民地问题时，中国代表又提出，战前德国在山东的各项特权应直接归还中国。但日本代表无理地提出，它在大战期间强占的德国在胶州湾的租借地、胶济铁路以及德国在山东的其他特殊权益，应该无条件让与日本。4 月 29—30 日，英、法、美三国在议定巴黎和约中关于山东问题的条款时，完全接受日本的提议。这样，日本夺取战前德国在中国山东的特殊权益的“既成事态”，就被明文肯定下来。中国代表对和会的这种做法提出抗议。但是，腐败落后的北洋政府屈服于帝国主义列强的压力，竟然准备在这个丧权辱国的和约上签字。

消息传到国内后，一直密切关注着和会进程的中国人民愤怒了！首先在知识分子和青年学生中激起强烈愤慨。5 月 4 日下午，北京大学等 13 所大中专学校的学生 3000 余人，不顾北洋政府教育部代表及警察的阻拦，到天安门前集合。他们提出“外争国权、内除国贼”“废除二十一条”“还我青岛”等口号，强烈要求拒绝和约签字并惩办亲日派卖国贼曹汝霖、章宗祥、陆宗舆。北洋政府出动军警镇压，逮捕示威学生。但学生们并没有屈服，他们在斗争中联合起来，成立了北京中等以上学校学生联合会，举行了总罢课。革命的风暴从北京开始，并迅速席卷全国。在运动中，6月5日起，上海的工人自动举行声援学生的罢工，中国工人阶级开始以独立的姿态走上政治舞台。

五四运动爆发时，蔡和森正忙于在北京和保定之间辗转，组织筹备留法勤工俭学、在预备班带领学生们学习等事宜。6月17日，北洋政府竟然违背全国人民的意愿，悍然决定在巴黎和约上签字。全国学联立即号召和组织各地学生投入拒签和约的斗争。蔡和森听说了这个消息后，立即响应全国学联的号召，组织在北京的湖南青年参加了这一运动。他们举着白色的长条刀旗，上面写着“收回山东青岛”“要求拒绝签字”等标语，到达北洋军阀徐世昌的总统府所在地新华门前，强烈要求政府给以明确答复。他们在新华门前的院子里坚持了一天一夜，晚上露宿在那里，情绪饱满，斗志昂扬。旅法的华工、留学生和华侨数百人也前往中国代表所在地，要求拒签和约。学生们和各界群众的坚持斗争对于促成五四运动的胜利起了很大作用。

在全国人民的强烈反对下，中国政府代表没有出席巴黎和会的签字仪式。五四爱国运动取得了初步的胜利。

参加五四运动是蔡和森革命生涯中一个很重要的经历。1926 年，蔡和森在《中国共产党史的发展》文章中对五四运动给以高度评价，指出五四运动“在中国的革命史上、在政治的意义上是很重大的。反对帝国主义的运动，自有此运动以后，中国的革命的政治斗争遂开新纪元”。

07

携母带妹赴法留学

1919年7月，蔡和森从北京回到长沙，他一面向亲友们宣传五四运动后北京的政治形势，一面积极鼓励和组织青年加入赴法勤工俭学的队伍。他自己带头，鼓励母亲和妹妹也一块去法国。

当他把这个想法告诉母亲和妹妹时，妹妹特别高兴，不但决定自己要去，还写信把赴法勤工俭学的事告诉在溆浦办学的同学向警予，要她赶来长沙，一起去法国。向警予来到长沙后，与蔡畅一起在周南女校发起成立了“湖南女子留法勤工俭学会”，团结了一批女青年知识分子，并邀请了其中一部分一道去法国。由于勤工俭学运动的开展，向警予、蔡畅等在女青年中赢得了信任，大家称赞她们是“女中豪杰”，她们联袂同行，远离祖国去寻求真理，在中国妇女界起了先导作用。

相对于妹妹蔡畅的欣然同意，母亲却有些犹豫了：一是手头经济窘迫，担心到法国能否维持；二是自己年过半百，身处异国，一旦卧病，怎么办？三是自己对法文一无所知，担心能否适应学习的要求。蔡和森理解自己的母亲。母亲葛健豪能在年近五十的时候还敢于来长沙求学，在女子教育养习所毕业后，又毅然回到永丰镇办学，创立了湘乡县第二女子简易职业学校。她热心教育事业，向往革命，关心女界进步，而且秉性刚直，不怕艰苦，敢于创业，这种精神，在中老年妇女中是不可多得的。他知道自己的母亲是愿意到更大的世界去的，对于母亲的顾虑，他一一给出了答案，解决了母亲的后顾之忧。他认为母亲有很好的刺绣手艺，这是勤工的一项重要手段，维持生活完全不用担心，法国医疗条件较好，有病可以治疗，即使病故，就葬入华侨公墓，而且这样一个华侨中唯一的女学生、老学生，在清明扫墓时，谁也不会忘记在墓上献上一束鲜花，至于法文的问题，从头学起，也是不难解决的。要做革命者，必须以四海为家。为了祖国，无论年纪大小，都应该毅然投入时代的洪流。

在蔡和森的劝说下，母亲终于打消了顾虑，决定随儿子远赴法国。葛健豪去法国勤工俭学的事，一时成为美谈。大家都说她是一位“惊人的妇人”。后来，长沙报纸也刊载消息，并发表评论，说葛健豪五十高龄，远涉重洋，“到法国去做工，去受中等女子教育，真是难得哩!”

准备出发的时候，又发生了一个小小的波折。1919 年秋末冬初，葛健豪、蔡畅、向警予等从长沙去上海，蔡和森则先期去北京，再从北京去上海。他们一家，包括向警予，住在上海法租界一家旅店里。这批从湖南到上海准备赴法勤工俭学的青年，大都来自生活贫困的工农家庭。他们把赴法经费开支的希望，完全寄托在华法教育会的筹措上。他们到上海的旅费虽已勉强解决，但到上海后的生活无法支撑。这时，华法教育会的经费又没有拨来，以致生活遇到了困难。因此，有的长吁短叹，心神不安，有的甚至打起了退堂鼓，想回湖南。蔡和森同母亲、妹妹商量，向和他家有点亲戚关系的民族资本家、时任上海恒丰纱厂经理的聂云台借到 600 块银洋，蔡和森把这些钱拿出来一部分解决了同伴的困难，这才安抚了大家的情绪。

这年 12 月中旬，毛泽东从长沙来到上海，给蔡和森等人送行。他们不仅仅是为了友谊而依依惜别，更是为了解除中国人民的苦难，商量应如何分别在国外国内作共同的努力，从而把寻找到的革命真理，应用到共同的实际行动中。

12 月 25 日，蔡和森、蔡畅、向警予等一行在上海杨树浦搭上法国邮轮，启程赴法。经过香港、西贡，穿过马六甲海峡，进入印度洋，再经苏伊士运河，进入地中海，最后在法国的马赛登岸，整个行程用了 35 天。经过一年多的努力，蔡和森一家两代人赴法勤工俭学的愿望终于实现了。

08 读书阅报 猛看猛译

1920年1月30日，蔡和森一行抵达法国马赛，2月2日到达巴黎。巴黎是一座美丽而富有革命传统的城市。无产阶级的革命导师马克思、恩格斯、列宁曾经在这里居住和战斗过。蔡和森来到巴黎，一下子就被它吸引住了。他决心深入了解法国大革命、巴黎公社等革命历史的经过，并从中汲取前进的力量。他和同学们一起来到塞纳河畔，登上300多米高的埃菲尔铁塔，放眼一望，巴黎全市风光尽收眼底。蔡和森为法国劳动人民的聪明才智赞叹不已。

蔡和森到法国后，首先是安排好各位同学的去处。他不顾旅途劳顿和哮喘病复发，没日没夜地为大家的生活安置和入校学习问题四处奔走。几天后，在把同学们都安排好后，他与母亲、妹妹及向警予到了蒙达尼。蒙达尼是法国南方的一个小县城，设有男子中学和女子中学。男子中学较有名，蔡元培、李石曾都是在这所中学毕业的。这次，来法的新民学会会员，大都来到了这里。向警予、蔡畅及母亲葛健豪进了女子中学。她们计划学习3个月法文，然后到公司去做工。蔡和森则打算进男子中学先学3个月法文。

由于旅途的劳顿，蔡和森哮喘病复发了，因此他一开始并没有去学校，只是每天到公园里做体操运动，锻炼身体。身体恢复以后，开始去学校上课。但是他感觉到，学校里的功课太过浅显，根本满足不了他的求知欲，于是决定不去学校上课，每天读书、读报，自己学习。他计划在法国居住学习5年，第一年专门学习法文，把各国社会党、工党、共产党的情况，一一弄个明白，研究清楚。

一天，蔡和森到街上一家书店，一本接一本地翻阅陈列的书籍。对这些书，他除了能大略地辨认书名外，其余的内容就无法读下去了，书店营业员讲法语，他也听不懂，简直成为一个聋哑人了。他感到非常难受，这种状况如果不能很快改变，一切事情都将无从着手，来法国学习革命真理的梦想将成为空想。怎么办呢？他立即行动起来，特地去买了一本法华字典。以后每天天刚蒙蒙亮，他就来到公园看法文报纸，刻苦自学。开始时有非常多的生词，要花很多的时间去翻字典，后来虽然单词记得多了，但为了更明确地理解字词的意思，蔡和森仍是字典不离手。公园里有个管理人员，非常赞叹他这种勤奋好学的精神，主动做了他的法文辅导老师。这段时间，他几乎成了这所公园最先踏破朝露，最后送走晚霞的“游客”。他对记法文单词简直着了迷，不但经常会忘了吃饭，甚至回家走错路的事情也经常发生。就是凭着这么一股韧劲，蔡和森刻苦攻读，经过 4 个月的苦学，他的法文水平提高很快，终于从开始一天只能看一则消息，到一天能看整版的法文报纸。

就这样，1920 年上半年，蔡和森在法国蒙达尼攻读马列原著，他穿着单薄破旧的衣服，在简陋的学生宿舍里，顶着严重的哮喘疾病，顽强地翻着字典，反复地掂量着每一个字，每一句话，用心琢磨着每段每篇文字的意义，体会其中的真理所在。在半年多的时间里，用“霸蛮”精神译出了马克思、恩格斯合著的《共产党宣言》、恩格斯的《社会主义从空想到科学的发展》、列宁的《共产主义“左派”幼稚病》《国家与革命》《无产阶级革命和叛徒考茨基》等著作的重要章节。他感到思路大开，以世界大势对中国进行考量，感觉找到了实现中国根本改变的方法。他准备搜集资料，编译丛书，他把这种丛书分为4个方面的内容：一是世界革命运动之大势；二是无产阶级革命运动之四种利器，即党、工团、合作社、苏维埃；三是世界革命之联络与方法，包括共产国际、工会组织等；四是俄罗斯革命后之详情。他翻译的这些作品，一面讲给同时留法的同学们听，一面写信到国内进行传播。可以说，到法国以后，蔡和森在学习、研究和传播马克思列宁主义和无产阶级革命方面，付出了艰辛的劳动，作出了极重要的贡献。

蔡和森对当时社会上流行的各种主义进行反复比较，对当时不少人信奉的无政府主义，尤其下功夫作了研究，得出结论是，无政府主义不过是欺世盗名之谈，根本不能救中国。对于中国社会的改造，只有社会主义才是最合适的。他写信给毛泽东说：“我近对各种主义综合审谛，觉社会主义真为改造现世界对症之方，中国也不能外此。”这样，他很快就变成了他自己所说的“极端马克思派”。经过多年含辛茹苦，反复比较鉴别，他终于找到了洪秀全、谭嗣同、严复、孙中山等人都没有找到的可以实现中国人民解放、进而实现世界人类解放的真理。他心花怒放，热情迸发，焕发出冲天的干劲。

蔡和森不但自己认识到了在中国实行社会主义道路的必要性，而且他翻译的马克思主义书籍成了留法学生学习的重要材料。他在做着艰苦的脑力劳动的同时，还与大量中外人士、特别是职工广泛深入地交流。他经常找在法国的留学生谈心，交流思想，帮助他们提高认识。新民学会在法国的活动，主要就是由蔡和森领导的。他经常组织在法国的新民学会会员一起学习，一起讨论。他们在一起讨论最多的，是中国走什么道路的问题。同学们各种观点，畅所欲言，非常活跃。蔡和森发言最多，观点也最鲜明。他一方面批判在同学中有一定影响的工团主义、实业救国、教育救国等思潮，一方面坚定地向同学们宣讲实行无产阶级暴力革命、组织中国共产党、在中国建设社会主义和共产主义的光明前景。在他的影响下，不少勤工俭学的学生接受了马克思主义。

当时也在法国勤工俭学的李维汉后来回忆，自己集中阅读了蔡和森以“霸蛮”精神从法文翻译过来的马克思主义著作，并与蔡和森进行了多次长谈后，才深知只有走十月革命的道路才能达到改造中国与世界的目的。

链 接

李维汉回忆片段

约在八月至九月的时间内，我有机会集中阅读了和森以“霸蛮”精神从法文翻译过来的《共产党宣言》《社会主义从空想到科学的发展》《国家与革命》《无产阶级专政与叛徒考茨基》《共产主义运动中的“左”派幼稚病》和若干关于宣传十月革命的小册子。同时，和蔡和森进行了多次长谈，涉及范围很广，包括欧洲革命斗争形势、俄国十月革命经验、布尔什维克与孟什维克的区别、共产国际的性质与任务、第三国际与第二国际的决裂等内容。和森博学多闻而又善于说理，给我的启发很大。通过阅读革命导师的著作和与和森的多次谈话，使我深知只有走十月革命的道路才能达到“改造中国与世界”的目的。

09 详论建党 功不可没

中国共产党诞生在半殖民地半封建的近代中国，是中国社会矛盾发展和人民斗争深入的必然结果。中国共产党的诞生是开天辟地的大事变，是近代中国革命史上划时代的里程碑，深刻改变了近代以后中华民族发展的方向和进程，深刻改变了中国人民和中华民族的前途和命运，深刻改变了世界发展的趋势和格局。而蔡和森，是第一个提出中国共产党名称并系统阐述了建党思想的早期党员。

蔡和森在法国勤工俭学期间，由于俄国十月革命的影响，西欧各国无产阶级革命运动正在兴起。法国国内各种思想流派非常活跃，各种主义学说到处传播。在留法勤工俭学青年中，也同样普遍存在着各种思想倾向。他们信奉各种主义，尤以信奉无政府主义的居多。蔡和森经过自己对各种主义进行综合比较考察以后，认定只有马克思主义是揭示了社会发展规律的革命真理，只有科学社会主义才能改造中国。为了把大多数留法青年团结起来，共同进行革命斗争，蔡和森与向警予、李维汉、萧子升等商量，决定邀集散居法国各地的新民学会会员来蒙达尼聚会，就如何改造中国与世界等重大问题进行讨论。

1920 年 7 月初，新民学会会员从法国各地先后来到蒙达尼。蔡和森、向警予等人冒着酷暑到车站欢迎他们。7 月 6—10 日，他们在蒙达尼公学的教室里举行了 5 天会议。出席会议的有蔡和森、向警予、陈绍休、张昆弟、罗学瓒、蔡畅、李维汉等 13 个新民学会会员，还有王若飞等人也应邀参加了会议。会上，蔡和森提出把“改造中国与社会”作为新民学会方针，得到与会者赞同。这个方针比新民学会刚成立时的“革新学术，砥砺品行，改良人心风俗”的宗旨有了很大进步，不再主要作用于个人修养的提升，而是勇敢承担起了改造中国与社会的责任。毛泽东在得知新民学会方针的这个变化时，表示非常赞同，认为这正是他平日的主张，这也是大多数新民学会会友的主张。

在讨论改造中国与社会的方法和道路时，会上出现了明显的分歧。蔡和森旗帜鲜明地提出，中国的解放，必须走俄国十月社会主义革命的道路，只有社会主义才是改造中国和世界的对症之方；要实现社会主义，首先要建立中国共产党，作为领导无产阶级革命的司令部，在共产党的领导下，进行暴力革命，建立无产阶级专政，以无产阶级的政权来建设社会主义的社会。蔡和森还把他译的《共产党宣言》抄成小字报，贴在会场——蒙达尼公学的教室里。而萧子升与蔡和森意见相反，他认为世界进化是无穷期的，革命也是无穷期的，他不认可俄国式的无产阶级暴力革命的方式，以一部分人的牺牲，换来多数人的幸福。他主张无政府、无强权，进行温和的革命，以教育为工具，以工会合作社的方法实行渐进的改革。很明显，萧子升这种主张，不过是资产阶级改良主义的一种幻想，是根本行不通的。

蔡和森批驳了萧子升的主张。他从当时世界的整体形势出发，详细讲述了革命的必要性。他以充足的论据和通俗易懂的语言对无政府主义进行了批评。他举例说：“我们在这里开会，有人想在这里屙尿，能否行呢？当然不行。一个人的行为不能不受到周围环境的限制，任何不要纪律的无政府状态都是空想。”这个例子引得大家哄堂大笑，不少同志放弃了无政府主义的想法，接受了马克思主义的真理。

对于这两种主张，当时与会的大多数同志并没有充分的时间去思考，也并没有展开深入讨论。会议决定将不同意见告诉毛泽东，请国内会员提出意见。会后，蔡和森写信给毛泽东，把这两种意见详细告诉了他，请他发表看法。就是在这些信中，蔡和森系统阐述了建党思想，并明确提出党的名称——“中国共产党”。

蔡和森在给毛泽东的信中，首先是阐述了组织共产党的重要性。1920 年 8 月 13 日蔡和森给毛泽东的信中明确提出：“我以为先要组织党——共产党。因为他是革命运动的发动者、宣传者、先锋队、作战部。以中国现在的情形看来，须先组织他，然后工团、合作社，才能发生有力的组织。革命运动、劳动运动，才有神经中枢。”同年9月16日，蔡和森给毛泽东的信中更明确地提出：“党的组织是很重要的。”“我以为非组织与俄一致的（原理方法都一致）共产党，否则民众运动、劳动运动、改造运动皆不会有力，不会彻底。”以上论述，阐明了党的性质和地位作用，论述了建立共产党的紧迫性。在蔡和森看来，共产党是无产阶级的先锋队，是革命的领导核心，建立共产党是由当时的中国情形决定的，以往中国革命失败的一个重要原因，就是缺乏坚强的政党作为领导核心，因此，无产阶级要完成伟大的历史使命，必须建立独立的政党。

其次是首次提出了要成立“中国共产党”，提出了党的名称。最早酝酿在中国建立共产党的是陈独秀和李大钊。1920年2月，李大钊护送陈独秀由北京赴上海的路上曾计划建党，史称“南陈北李，相约建党”，但并未商定党的名称。同年6月，陈独秀同李汉俊、俞秀松等人在上海开会

商议决定成立共产党组织，初步定名为“社会共产党”。此后不久，围绕着是用“社会党”还是用“共产党”来命名的问题，陈独秀征求李大钊的意见，李大钊主张定名为“共产党”，陈独秀表示同意。1920 年 8 月，在陈独秀主持下，上海的共产党早期组织在上海法租界老渔阳里 2 号《新青年》编辑部正式成立，当时取名为“中国共产党”，这是党的地方组织。而蔡和森首先提出在中国要建立的党的名称就叫“中国共产党”。在 1920 年 7 月初召开的赴法勤工俭学的新民学会会员蒙达尼会议上，蔡和森就主张组建中国共产党，进行阶级斗争和实行无产阶级专政。9 月 16 日，蔡和森给毛泽东的信中更明确地提出，在各项准备工作之后，“明目张胆正式成立一个中国共产党”。由此可见，蔡和森关于成立中国共产党的提法是明显地早于其他早期领导人的。

第三是明确提出中国共产党的指导思想是马克思列宁主义。1920 年 8 月 13 日蔡和森给毛泽东的信中明确提出：“我意中国于二年内须成立一主义明确方法得当和俄一致的党，这事关系不小，望你注意。”所谓“主义明确”，是指要以马克思主义作为党的指导思想；所谓“方法得当”，就是要像俄国那样，开展暴力革命，实行无产阶级专政。9月16日，蔡和森给毛泽东的信中再次强调：“我以世界革命运动自俄革命成功以来已经转了一个大方向，这方向就是‘无产阶级获得政权来改造社会’。不懂的人以为无产阶级专政是以暴易暴的，不知列宁及万国共产党已再三宣言，专政是由资本主义变到共产主义过渡时代一个必不可少的办法……一个惟一无二的办法，舍此无方法。试问政权不在手，怎样去改造社会？怎样去组织共产主义的生产和消费？”在研究俄国十月革命成功的经验时，蔡和森深刻认识到科学理论指导的重要性，后来他在谈到“主义”时说：“真正的革命党，如无革命的理论是不行的，故一个革命党不仅要有好的组织、好的政策，尤其要有革命的理论来把思想统一，然后才能领导革命到正确之路。但党的理论非从天上掉下来的，一短时间可以形成的。马克思主义列宁主义在世界各国共产党是一致的，但当应用到各国去，应用到实际上去才行的。要在自己的争斗中把列宁主义形成自己的理论武器，即以马克思主义列宁主义的精神来定出适合客观情形的策略和组织才行。”这些论述充分说明，蔡和森不仅深刻认识到理论对于实践的重要指导作用，而且深刻认识到必须把马克思主义理论与中国革命实际相结合。

对于蔡和森的主张，毛泽东极为赞成。他给蔡和森等人写了多封回信表达了自己的看法，其中有一封信长达4000字，信中对于萧子升等人的意见，不表同意，而对于蔡和森的意见，表示深切的赞同。理由是：温和改良的法子，在理论上说得通，事实上做不到，因为历史上凡是专制主义者，或帝国主义者，或军国主义者，非等到人家来推倒，绝没有自己收场的。俄国式的革命，是在山穷水尽无可奈何，其他道路都走不通的情况下的一个变计，并不是还有更好的方法可以采用。

这样，毛泽东和蔡和森在建党问题上达成了一致的意见，毛泽东表示对于蔡和森的关于无产阶级专政、组织中国共产党的意见，自己“没有一个字不赞成”。态度鲜明地表明了他们对马克思主义、共产主义的信仰。这是他们在对各种主义进行比较选择之后的结果。毛泽东旗帜鲜明的主张和深入浅出的说理，更加坚定了在法国的新民学会会员对马克思主义的信仰。

毛泽东还高兴地告诉蔡和森，关于组织共产党的事，在国内，陈独秀等人正在组织，还在上海出版了名为《共产党》的杂志，这个杂志旗帜鲜明，宣传马克思主义，很有成效。他还把国内出版的《新青年》《时事新报》《解放》《建设》《新潮》等刊物寄给蔡和森，对蔡和森在法国的活动给以很大的支持。

蔡和森在法国不仅致力于对马克思主义的宣传，在理论上讲清组织中国共产党的必要性，他还在实际行动上积极进行共产党早期组织的筹备成立工作。他帮助勤工俭学生组织的“勤工俭学励进会”（后改名为“工学世界社”）进行改组，帮助他们克服无政府主义，转而信仰马克思主义。他还与同在法国工读的周恩来、赵世炎和李立三等商量成立共产党的组织。

蔡和森的建党思想和活动，对国内早期共产

主义者的建党活动起到了有力的推动作用。1921年7月，伟大的中国共产党正式成立了，这是一件开天辟地的大事，中国人民从此有了自己的主心骨，中国革命从此开始了自己的新纪元。

链　接

中国共产党成立

经过各地特别是上海的共产党早期组织的周密筹备，1921年7月23日，中国共产党第一次全国代表大会在上海法租界望志路106号（现兴业路76号）李汉俊之兄李书城的住宅内召开。因租界巡捕搜查，大会的最后一天转移到浙江嘉兴南湖的一艘游船上继续进行。党的一大通过了中国共产党纲领，确定党的名称为中国共产党。纲领明确提出要把工人、农民和士兵组织起来，并确定党的根本政治目的是实行社会革命。旗帜鲜明地把实现社会主义、共产主义作为自己的奋斗目标。

在中国共产党成立过程中，蔡和森功不可没。虽然因为在法国勤工俭学，他并没有参加党的第一次全国代表大会，但他在建党方面的功绩，是十分巨大的，是值得后人永远铭记的。后来，毛泽东与斯诺谈到1921年中国共产党成立时，高兴地说："在法国，许多勤工俭学的人也组织了中国共产党，几乎是同国内的组织同时建立起来的。那里的党的创始人之中有周恩来、李立三和向警予。向警予是蔡和森的妻子，唯一的一个女创始人。罗迈和蔡和森也是法国支部的创始人。"

10 革命伴侣 向上同盟

1920 年 5 月，蔡和森与一起去法国勤工俭学的向警予结成革命伴侣，他们的结婚照是二人并肩同读一本《资本论》，神态甜蜜而安详。这表明他们的结合，是建立在马克思主义信仰基础上的。他们把共产主义的伟大理想变成改造自己、献身革命的无穷动力。

说起这段情缘，还有一段佳话。向警予原名向俊贤，1895 年 9 月出生于溆浦县城一个殷实的商人家庭。在家里排行第九，大家都叫她“九九”“九儿”。1912 年以优秀成绩考入湖南省立第一女子师范学校，两年后转入周南女校，并将名字改为向警予，表示对封建势力的高度警惕和反抗。向警予在这里认识了蔡和森的妹妹蔡畅，并通过她结识了蔡和森和毛泽东。向警予志向高远，少年时期她就立志要为拯救国家和民族“干出惊天动地的事业”。

1916 年夏，向警予从周南女校毕业，回溆浦创办男女兼收的新型学校——溆浦女校，以“自治心，公共心”为校训，重视新思想的传播，尊重学生个性，反对“驰骤之若牛马”的奴化教育。她提倡半工半读，倡导男女同校，反对女子缠足、穿耳和梳长辫等陈规陋习。为培养学生的劳动习惯，她带领学生打扫街道。她说：“我就是要做旧社会的清道夫！”

1918 年初冬，为准备留法勤工俭学事宜，向警予到北京，转道找到正在布里村办理勤工俭学预备班的蔡和森，听蔡和森介绍了出国准备情况，还陪她考察留法工艺学校，带她听蔡元培关于劳工神圣的演讲，更坚定了向警予半工半读的设想。向警予还在布里村蔡和森主持的留法预备班中学习了一段时间。1919 年，向警予参加了毛泽东、蔡和森等创办的革命团体新民学会。同年 10 月与蔡畅等组织湖南女子留法勤工俭学会，成为湖南女界勤工俭学运动的首创者。在共同工作、学习的过程中，向警予与蔡和森的交往逐渐增多，彼此的了解也日益加深。

1919年12月，向警予和蔡和森等一起赴法国勤工俭学。在赴法国的35天的航程中，蔡和森与向警予天天在一起研究政治和学术问题，共同的理想和目标把他们的心紧紧地联系在一起。在谈到个人婚姻问题时，他们都强烈地反对旧式婚姻，主张大胆追求新式爱情和理想的完美结合。他们在船上还合写了一首诗，题目叫《向上同盟》，表示要在革命的征途中，互相勉励，共同向上。当邮轮停靠在终点站法国马赛港时，“向上同盟”的爱情之舟扬帆起航了。

耐人寻味的是，在此之前，向蔡两人都曾立下终身不婚的誓言。1918年的一天，“湘江三友”毛泽东、蔡和森、萧子升一起来到岳麓山爱晚亭谈古论今。当谈到个人婚姻问题时，毛泽东首先提议为寻求救国真理，甘愿终身不娶。对此倡议，蔡和森、萧子升深以为然。岂料时间才过去一年，蔡和森便率先食言。向警予在担任溆浦女校校长期间，一些工作得到了驻扎溆浦的湘西镇守副使周则范的支持。出乎意料的是，周则范竟然要求漂亮文雅的向警予做他的二房夫人。向警予的父亲慑于周的权势，只得同意。可是，早已接受女权解放新思想的向警予坚决反对。她只身冲进周家，发誓“终身不嫁，以身许国”。为避免周的再次纠缠，向警予干脆离开溆浦老家，前往长沙，住在同学蔡畅的家里。

到法国后，蔡和森专心读书。向警予则和蔡畅一面做工，一面补习法文。蔡和森与向警予有了更多接触了解的机会，他们俩常常促膝谈心，交流学习体会，还常常一起到同在法国勤工俭学的徐特立先生那里请教。两颗心越走越近了。1920 年 5 月，蔡和森和向警予在法国蒙达尼的一间木板平房里举行了婚礼。他们的婚礼完全是新式的，彻底打破了封建的婚姻制度，不订婚约，也没有烦琐的仪式，就是两人并肩而坐，手捧《资本论》，拍了张照片，说明他们结合的共同的思想基础是对马克思主义的坚定信仰。

在婚礼上，向警予和蔡和森给前来祝贺的中国留学生朗诵了他们合编的诗集《向上同盟》，后来，大家称他俩的结合为“向蔡同盟”。在国内的毛泽东知道这个消息后，十分赞赏他们自由恋爱、简朴成婚的行为，认为这是开了一个很好的先例，应该成为大家的榜样。

法国的小城蒙达尼在蔡和森与向警予的结合中起到见证地的作用。后来，当 1922 年他们的女儿在上海的一个小阁楼里出生后，他们为爱女取名“妮妮”，以纪念他们在蒙达尼的定情与结合。

二人结婚后，向警予把他们的结婚照寄给在湖南的父母，并附一张印有一对十分可爱的小孩的明信片。她向父母报告了自己真诚热烈的爱情，写道:“和森是九儿真正所爱的人，志趣没有一点不同的。这画片上的两小也合他与我的意。我同他是一千九百二十年产生的新人，又可叫作二十世纪的小孩子。”

蔡和森在给毛泽东的信中也说:“我与警予有一种恋爱上的结合。”他们两人的结合，是源于共同的革命信仰。蔡和森与向警予结婚后，更加以全

部精力致力于学习和宣传马克思主义。向警予也继续学习马克思主义经典著作，积极参加工人运动实践，从一个激进民主主义者迅速成长为共产主义战士。她坚定地支持蔡和森的建党主张，积极参与建党工作。

向警予回国后，于 1922 年加入了中国共产党。1925 年 5 月增选为中共第四届中央委员。她是我们党第一位女中央委员，也是中共中央第一任妇女部长。蔡和森和向警予互相扶持，为党的革命事业作出了突出的贡献。

蔡和森、向警予为党的工作舍生忘死。在北洋军阀的黑暗统治下，从事革命活动随时都有掉脑袋的风险。蔡和森和向警予总是把危险的工作留给自己，为同志们创造安全的环境。据当时北京高等师范的学生楚图南回忆，1923 年年初，蔡和森所在的北方区党委机关因紧急情况转移。蔡和森暂时住在北京高等师范。他住在一个小房间里，白天窗户紧闭，并把门反锁上，直到夜深时才把门打开，给他送来当天的报纸以及水和面包等简单的食品。在这样的环境下，蔡和森仍孜孜不倦地看书学习，仔细研究报纸上的消息，指导学生的革命活动。还有几次他派楚图南到他原在的机关附近去打听消息。那是在宣武门内冰窖胡同的一所旧式大院里，门口挂着“杜寓”的钢牌，外表和当时军阀官僚的住宅很像。到那里去找一位“女用人”，问“有没有病人”，“传染不传染”。后来，楚图南才知道原来这位女用人是蔡和森的妻子向警予。他问蔡和森，为什么要在这么危险的情况下把向警予一个人留在那里。蔡和森回答，因为还有一部分同志不知道情况，还会到那里去。向警予对当地的情况比较熟悉，所以留下，以“女用人”的身份作掩护，以便通知和掩护不知道情况的同志转移。

1928 年 3 月 20 日，由于叛徒的出卖，向警予不幸被捕。敌人对她实施了严刑逼供，但她始终坚贞不屈，严守党的秘密，严守共产党员的操守，表现了共产党人的浩然正气和崇高品格。

国民党新军阀决定在 5 月 1 日这个全世界工人阶级的节日里杀害她。向警予视死如归，在走向刑场的路上，沿途向广大群众进行演讲。敌人对此极端恐惧，宪兵们殴打她，想使她不再说话，但她仍然坚持讲下去。残酷的刽子手向她嘴里塞进石头，又用皮带缚住她的双颊，街上许多人看了都哭泣起来。向警予被押赴刑场，为中国人民的解放事业英勇牺牲，时年33岁。

蔡和森闻讯后，写下《向警予同志传》，表达浓浓的怀念之情。他在文中写道："伟大的警予，英勇的警予，你没有死，你永远没有死！你不是和森个人的爱人，你是中国无产阶级永远的爱人！"

链　接

蔡和森《向警予同志传》片段

忘寝忘食是她生活中的经常状况。五四运动，她在乡村号召广大的群众运动，终日演讲，宣传"爱国主义"。她的感情热烈得很，她为国家大事，常常号啕大哭……

她真实无比，她异常的勇敢，同时又很琐细，她对于一点小小的事情，常常是要彻夜地去思想去准备。她不知道别的欲望，唯一的欲望只是要她能干"惊天动地的事业"。

她是一个“事业的野心家”，她每每自己这样奋激地幻想：“将来我如做不出大事业，我要把自己粉碎起来，烧成灰！”她每每这样激烈地幻想便要大哭一场。她每一激奋的时候，便不认识任何险阻与艰难。……

伟大的警予，英勇的警予，你没有死，你永远没有死！你不是和森个人的爱人，你是中国无产阶级永远的爱人！

“革命夫妻有几人，当时蔡向各成仁。和森流血警予死，浩气巍然并世尊。”这是诗人柳亚子悼念向蔡二人的一首诗。向蔡二人，志同道合；向蔡同盟，一时佳话！

11 学生领袖 锋芒初露

在法国，蔡和森还参加领导了勤工俭学学生与北洋军阀政府的数次斗争。主要包括争取勤工俭学学生生存权、求学权的斗争，反对中法借款的斗争和占领里昂中法大学的斗争。

广大勤工俭学学生满怀救国激情来到法国，以为只要吃几年苦，就可以学得真才实学，可以为祖国出力。但实际情况并不如他们所愿。他们到法国后，遇到了种种困难。有的找不到工做，生活无着，更谈不上读书；有的无钱租房居住，只好在华法教育会院子里搭帐篷过夜；有的甚至病死在异国他乡。对于这些困难，当初组织他们来求学的华法教育会不但不想办法解决，反而多方推脱。

蔡和森目睹学生们的困境，心中极为愤慨和不安。为解决这一问题，他和工学世界社的同志商量，决定一面派王若飞同中国北洋政府驻法公使馆交涉，请求帮助解决做工的困难，一面电请国内北洋政府，要求筹款资助。但学生们的努力招来了新的迫害。北洋政府驻法公使馆发出通告，扬言要将在法找不到工做的中国穷学生一律遣送回国。为了反击这一迫害，蔡和森同王若飞召集同学们紧急开会，商讨对策。蔡和森说："我们每个人不能坐等工做，坐等书读，要先争生存权、求学权，要求政府给每个勤工俭学学生一年至少发 400 法郎补助费，保证在法求学 4 年以上时间。"为了达到这一目的，要求同学们行动起来，同北洋政府、驻法公使馆、华法教育会进行斗争。

1921 年 2 月 27 日，工学世界社在巴黎召开了留法勤工俭学学生代表大会，一致通过了争生存权、求学权的斗争口号。28 日，在巴黎的 500 多勤工俭学学生包围了北洋政府驻法公使馆。同驻法公使陈箓据理斗争，迫使陈箓不得不答应借款以维持学生的生活和学习。这次斗争被称为"二二八"

运动。

1921年6月初，北洋政府内务总长以特使名义来到法国，企图向法国借款1亿金法郎，用于购买军火，扩大内战。为了借款，北洋政府不惜以出卖海关、邮政和滇渝铁路建设权作担保。事先已由驻法公使陈箓同法国有关方面作了初步接洽。

当时在法国的蔡和森等中国学生得知这一消息后，义愤填膺，激烈反对。由周恩来、蔡和森、赵世炎、陈毅等人发起，联合巴黎华侨各团体，于6月30日组织了拒款委员会，发表了“拒款宣言”，同时公布了周恩来起草的关于借款真相的调查报告。这时，广大华工也完全站在学生一边，其他各界爱国侨胞也纷纷响应。为了扩大影响，周恩来等同志领导在巴黎的中国学生及旅法各界侨胞，举行了两次拒款大会，要求陈箓到会作答。陈箓本人不敢前来，派秘书来说明事件缘由，结果竟代陈箓挨了一顿打。他们还撰写通讯，寄回国内，揭露卖国借款真相，争取舆论支持。在中国工人、学生和法国正义人士的一片反对声中，法国政府担心事态扩大，不好收场，只好宣布暂缓借款。这次拒款斗争取得了胜利。

蔡和森在法国参加领导的另一个斗争，被称为“小小的十月革命”，这就是占领里昂中法大学的斗争。经过“二二八”运动和“拒款”斗争以后，华法教育会原来给学生的一点微少津贴也完全停发了，这给留法勤工俭学学生造成了更大的困难，与此同时，北洋政府驻法公使馆和法国当局，借勤工俭学名义，向欧洲各国募集了一笔巨款，创办了“里昂中法大学”。可是，把持这所大学的吴稚晖，竟然将已在法国勤工俭学的学生拒之门外，却从国内广州、上海等地招来一批官绅子弟入学读书，这就更加激起了留法勤工俭学学生的义愤。

当时，蔡和森立刻找周恩来、赵世炎等商量对策。周恩来尖锐地指出，这是反动政府的一个阴谋，必须彻底揭露。我们应该利用这个机会，组织各方面的力量，进入里昂中法大学就学。蔡和森、赵世炎完全同意周恩来的看法，于是，一场进入里昂大学的斗争，在他们的组织下很快开展起来了。

9 月 17 日，100 多名学生代表集会于巴黎，通过了蔡和森等人起草的“以开放里大为唯一目标”的宣言，随即组织有蔡和森、赵世炎、陈毅、罗学瓒、张昆弟等人参加的入校队，由巴黎直奔里昂。当时周恩来到车站送行，鼓励他们坚持斗争。入校队的100多名学生于9月21日砸开里昂大学校门，占领校舍。周恩来也率领巴黎其他学生赶来支援。

里昂大学校舍被占领，使得陈箓、吴稚晖等人慌了手脚。他们急忙向法国当局告急，要求派警察拘捕中国学生。9月22日上午，300多名法国武装警察包围了学校，并用装甲车冲进校门，放肆殴打手无寸铁的中国学生。蔡和森、李立三、陈毅、张昆弟等100多名学生被拘捕，装进囚车，押到法国兵营被看管起来。

在囚车驶往兵营途中，被捕学生不断用法文高喊“争回里大”的口号。蔡和森还将身上带的传单从铁窗口向马路上甩去。在兵营被看管期间，蔡和森等人隔着铁门向前来访问的新闻记者和社会各界人士说明事实真相，提出中国学生的正义要求，得到了法国进步人士和新闻界的支持。蔡和森、李立三、陈毅等还组织了一场绝食斗争，抗议法国兵营对被捕学生的虐待。在法国各地，李维汉、向警予以及其他同学，广泛组织了声援。周恩来也来到监狱探望蔡和森等人，积极营救他们。由于北洋政府及法国当局坚持其驱逐中国勤工俭学学生的反动政策，致使这次营救没有成功。当蔡和森等知道被驱遣回国已成定局后，便决定将赵世炎留下，并设法使他逃离了兵营，继续领导学生的斗争。

经过 20 多天的囚禁生活，蔡和森、李立三、陈毅、罗学瓒、张昆弟等 100 余人，被法国当局以“从事布尔什维克活动”和“过激党”的罪名，于 10 月 14 日将他们武装押上轮船，强行遣送回国。

蔡和森在法国参加领导的这几次斗争，具有十分重要的历史意义。这些斗争使法国资产阶级和中国的军阀统治者亲眼看到中国青年从五四运动以来迸发的不怕军阀统治，不怕洋人欺负，力争掌握自己命运的气概。通过这几次斗争，在法勤工俭学界出现了新的联合和觉醒。通过斗争，广大勤工俭学的学生认识到了北洋军阀政府同帝国主义国家狼狈为奸的丑陋面目，认识到实业救国、教育救国等都是行不通的，更多的人抛弃了各种各样不切实际的幻想，信奉了马克思主义，认识到组织无产阶级政党的必要性，走上了十月革命的道路，更积极地投入反帝反封建的斗争。

蔡和森在法国勤工俭学将近两年。在这两年的短暂时间中，为了寻找革命真理，他进行了艰苦的探索，终于从一个激进的民主革命者，转变成马克思主义的忠诚战士。在学习和传播马克思主义理论方面，在领导广大留法青年开展革命斗争方面，蔡和森建立的功绩，将永远铭记在人们心中。

12 主编向导 宣传革命

1921 年，蔡和森从法国回到上海。经陈独秀等人介绍，他加入了中国共产党，并留在党中央工作。

1922 年 7 月，中共二大在上海召开。蔡和森出席这次会议并被选为中央委员。大会决定将原来秘密出版的《共产党》月刊停刊，新出一种公开的报纸，作为党中央的政治机关报，由蔡和森具体负责。这就是《向导》周报。

办一种传播马克思主义的报纸，是蔡和森多年以来的愿望。中共二大决定由他来筹办党的机关报后，他满腔热情地接受了这个任务。《向导》周报于 1922 年 9 月 13 日在上海创刊。它一问世，广大读者称颂它是黑暗中国社会的“一盏明灯”，是民众政治生活中的“寒暑表”，是中华民族的“福音”，四万万同胞的“先锋队”“救命符”。

作为《向导》的首任主编，蔡和森参与了《向导》办报宗旨、方针的拟定，在组稿、出版和发行等各个环节都倾注了大量心血，具有开创之功，影响深远。《向导》从创刊到 1927 年终刊，蔡和森除 1925 年 10 月—1927 年 3 月在莫斯科驻共产国际工作外，始终担任主编。《向导》周报共出 201 期和汇刊 5 册，蔡和森约主编了 116 期，超过半数。他写了大量的文章，除用“和森”署名发表了 130 余篇文章外，还用“本报同人”“记者”等名字发表了不少文章。《向导》周报是当时中国报刊界影响最大的报刊之一，对宣传马克思列宁主义、宣传党的路线方针政策，以及推动国民革命斗争的开展等方面，起到了非常重要的作用，真正发挥了革命的向导作用。

那时候搞编辑工作的人手很少，许多具体工作都要蔡和森一个人来担任。他不仅要写稿，还要承担组稿、校对等琐细的工作。他身体瘦弱，哮喘病也时常发作，但他不顾自己的身体状况，总是夜以继日地工作。他可以做到整天坐在房子里埋头阅读或是写作。当他接触到有趣的文句时，还常常一个人在房子里发出爽朗的笑声。他往往想不起来吃饭，专心一意地为革命而写作。在他的室内，书刊报纸叠叠垒垒，几乎找不到坐的地方。有时晚上写作疲倦了，他不解衣服不脱鞋子，就横倒在床上休息一下。没过多久，又一骨碌爬起来继续写作，直到天明。他在《向导》周刊上发表的大量文章，就是这样写出来的。他的文章观点生动鲜明，文笔酣畅流利，宣传鼓动作用很强，广大追求真理的青年学生、工人争相传阅。

利用《向导》这个阵地，蔡和森撰写发表了大量文章，宣传马克思主义，宣传中国革命，很好地配合了当时中国共产党的中心任务的实施和完成。在中共二大确立了打倒封建军阀，实现中国民主统一的基本任务后，蔡和森利用《向导》做了大量宣传工作。他主张彻底打倒封建军阀统治，针对当时各地大小军阀以武力统一和联省自治等为幌子，而暗中却实行争权夺利的卑鄙伎俩，蔡和森指出，中国的政治和社会问题，绝不是只能导致封建割据的联省自治所能解决，也不是所谓的北洋正统所能处置的。唯一的出路，只有实行彻底的民主革命。

值得一提的是，蔡和森发表在《向导》的文章中，运用马克思主义的观点，对帝国主义及国内反动派，进行了历史的分析，在1922年9月就提出了帝国主义等反动派是“纸老虎”的观点。认为“自来一班与群众隔离的政治家或政论家，不谋勾结或利用旧势力等”，“便是想出些上不靠军阀下不靠民众的智识者的纸老虎或乌托邦”，帝国主义这个“戳穿了的纸老虎是吓不住民众势力之发展的”。他在《向导》上开辟了“外患日志”专栏，将帝国主义的暴行逐日揭载，以触目惊心的大量事实激励人民的爱国热情，从而使反帝国主义的口号日益深入人心。

还有一点值得后人铭记的是，蔡和森以中共中央委员身份担任《向导》主编，在这期间，积累了丰富的创办党报的经验，开创了党管党报和政治家办党报的优良传统，推动了党报宣传形成理论联系实际的优良作风，创造了党报工作走群众路线的工作方法。

13 三尺讲台 青年导师

蔡和森在以主要精力从事党的宣传和理论工作的同时，有一段时间，他还先后在上海平民女子学校和上海大学兼任教师，主讲社会进化史。用马克思主义理论影响了大批追求进步的先进青年。

上海平民女子学校是中国共产党创办的第一所新型学校。1921 年 10 月开始筹办，1922 年 2 月正式成立。学校地点在上海法租界辅德里，学生多数来自冲破封建家庭束缚和被别的学校开除的进步女青年。学校分高级班和初级班，课程有《共产主义 ABC》《反杜林论》等。学校设有缝纫班、织袜班等，实行半工半读。是一所为开展妇女运动培养妇女干部的学校。学校既是党开展妇女运动的据点，又是掩护党的秘密工作的场所。1922 年底，由于办学经费拮据等原因，平民女校被迫停办，部分学生转入上海大学或上海大学附中学习。平民女校虽然开办不到一年，但为党和革命培养了一大批妇女干部。著名的如文学家丁玲，后来参加了两万五千里长征的钱希均以及长期从事党的秘密工作的王一知等。

上海大学是第一次国共合作时期由国民党和共产党合作创办、共产党实际领导的培养革命人才的高等学府。这所学校的前身是 1922 年成立的私立东南高等专科师范学校。但该校开学不久，校长即卷款逃往国外。全校学生愤而发起改组运动，请老同盟会员于右任出任校长。于右任建议将学校改名为上海大学，1922 年 10 月，上海大学召开成立大会。1923 年年初，应于右任要求，李大钊推荐共产党员邓中夏担任校务长并主持工作。邓中夏以“养成建国人才，促进文化建设”为宗旨，制定学校发展规划，进行大胆改革。请瞿秋白担任社会学系主任。李大钊、瞿秋白、蔡和森、恽代英等共产党员经常来校讲课。培养了大批革命人才，当时有“文有上大，武有黄埔”之说。1927年“四一二”反革命政变后，上海大学被国民党军队武力查封。

上海平民女子学校和上海大学都是中国共产党成立以后创办的新型学校。蔡和森在平民女子学校和上海大学任教，主要是讲社会进化史。当时许多进步青年只凭一时的热情办事，对于人类社会的历史知识及发展规律懂得不多，对于革命道路的长期性和曲折性估计不足，往往遇到困难就容易动摇和缺乏信心；加之社会上各种思潮泛滥，无政府主义、工团主义盛行，青年受到不同程度的影响。在这种情况下，系统地、全面地讲述社会发展史，用历史唯物主义的观点解释社会发展的必然规律，增强人们的革命自觉性，是党培养干部的一个重要课题。

为了搞好教学工作，蔡和森每天处理好《向导》周报的各种稿件后，就专心从事《社会进化史》教材的编写。在这一期间，他重新阅读了恩格斯的《家庭、私有制和国家的起源》，列宁的《国家与革命》等书籍、文章，研究了中国和世界各国的历史、现状及其发展趋向，结合当时阶级斗争的实际，编写了长达15万余字的《社会进化史》，作为讲授这一课程的教材。

《社会进化史》共分4个部分。篇首是绪论，篇幅不长，就有史以来人类演进之程序——野蛮时代、半开化时代和文明时代的历史特征，作了扼要的概述，它是概括全书的大纲。其余3个部分，则就人类社会有关家族、财产、国家这3个重要方面的起源与进化，以马克思主义的历史唯物主义作指导，引证古希腊、罗马、日耳曼、埃及以及中国的大量历史资料，作了详尽的论述，从而深刻地揭示了人类社会按历史规律发展的必然性，揭示了阶级社会的阶级斗争对人类生活的深刻影响，并且最后作出结论说，近世社会之必然崩溃，世界革命之必然成功，只是时间迟早的问题。

蔡和森的课很受学生的欢迎，他生动而有趣的叙述，透彻而富有哲理的分析，能够把学生吸引住。他讲课时，不仅有外系的学生来听课，连社会上的进步青年也来旁听，往往把教室挤得满满的。别看他平时潜心思索沉默寡言，可是当他一走上讲台，就全神贯注，沉浸在讲课之中，犹如江海澎湃，一泻千里，慷慨陈词，滔滔不绝。他对马列主义博大精深思想的阐发，内容深刻，逻辑严密，再加上深入浅出富有鼓动性的语言，使人听来耳目一新，振聋发聩，像磁铁一样深深吸引了广大青年。同学们自从听了蔡和森的讲课后，明确了人类社会发展的历史，坚信共产主义一定可以实现。许多人想方设法来听他的课。他的讲课像一把打开思想心灵的钥匙，不仅使大家学到了许多知识，更重要的是看到了革命的前途，坚定了革命的意志。他成为革命青年的良师益友，为处于彷徨苦闷中的广大青年指明了出路。

14 五卅运动　领导中坚

1925 年，蔡和森参加了震惊中外的五卅运动的领导工作。五卅运动是中国共产党领导的大革命高潮到来的标志。这次运动是从当时中国最大的工业城市上海开始的。

上海是帝国主义势力对中国经济侵略的中心，也是中国产业工人最集中的地方，当时有新式产业工人 20 多万人。第一次世界大战后，由于世界资本主义体系处于暂时稳定时期，资本主义发展不平衡的规律，加速了各帝国主义国家对殖民地、半殖民地新的掠夺和瓜分。英、美、日等帝国主义争相在中国开办工厂，尤其是日本纱厂迅速增加。这些纱厂的资本家，极其贪婪地对中国工人进行剥削，克扣工资，延长工时，用童工替换成年男工，以榨取更多的高额利润。中国工人阶级陷于极端困苦的生活。广大农民则由于军阀连年混战，苛征暴敛，倾家荡产，流离失所。城市小手工业者、小商人则因经济凋敝而大批失业。民族资产阶级也受到外资的排挤而日趋衰落。帝国主义的疯狂侵略，大大加深了中国社会的各种矛盾，促进了中国人民的觉醒，激起了他们的强烈反抗。

面对这种形势，因势利导，把广大群众的反帝斗争进一步鼓动起来，使它成为燃遍全国的燎原烈火，这是党在当时的一项重要的战斗任务。中国共产党成立后，把领导工人运动作为一项主要任务，领导了香港海员罢工、京汉铁路工人大罢工、安源路矿工人大罢工等，出现中国工人运动的第一次高潮。1924 年国共合作实现后，党继续领导工人开展反对帝国主义压迫的斗争。这一年，中共上海地方委员会以上海大学学生为骨干，深入工人中开展工作，在沪西、沪东等区创办了 7 所工人夜校。9 月，成立了沪西工友俱乐部。1924 年底，有 19 家中外纱厂秘密建立了俱乐部，会员近

1000人。上海工人运动的发展和工人政治觉悟的提高，为五卅运动的兴起做了必要的准备。

1925年2月，上海日本内外棉纱厂的资本家及其监工殴打女工并开除一批男工，逮捕工人积极分子，引起全厂工人的愤慨。蔡和森、李立三、邓中夏等得悉后，密切注视事态发展，紧张研究对策。蔡和森认为这是发动和领导群众进行大规模罢工斗争的最好时机。他同邓中夏、李立三等商量后，发动了全市日本纱厂的同盟罢工。这次罢工坚持了一个多月，并取得了胜利。

中国工人运动的蓬勃发展，引起了帝国主义的恐慌。它们阴谋策划对工人运动进行镇压。5月7日，上海日本纺织同业会开会决议，拒绝承认工人组织的工会，要求租界当局及中国官方取缔工会活动。5月15日，日本资本家宣布内外棉七厂停工，不准工人进厂。该厂工人共产党员顾正红率领工人冲进工厂，要求复工和发工资。日本大班（相当于厂长）率领打手向工人开枪，打伤10多人，顾正红身中4弹，重伤身亡。

顾正红被枪杀的事件，是五卅革命风暴的导

火线。顾正红牺牲后，群众情绪愤怒异常。蔡和森、刘少奇、瞿秋白、李立三等领导同志，根据当时斗争的发展和广大群众的要求，一面决定组织和扩大罢工，同日本厂方进行针锋相对的斗争；一面发动各界声援，形成一个群众性的反帝爱国运动。

5月16日，参加罢工的上海内外棉五、七、八、十二等厂的工人达7000多人。在党的领导下，上海印刷工人联合会联络学生、店员等35个团体，于16日下午宣布成立“日人残杀同胞雪耻会”，并发表宣言，强烈谴责日本帝国主义的罪行，一致表示要做罢工工人的坚强后盾。5月18日，党又组织4000多工人在顾正红烈士灵前集会，愤怒控诉日本帝国主义的罪行。随着广大群众的迅速觉醒，一场激烈的反帝斗争革命风暴终于到来了。

面对中国人民的激烈反抗，帝国主义及其走狗封建军阀惊恐万状，阴谋镇压这场罢工斗争。日本帝国主义公开出面要求中国官方“充分取缔工人活动”，否则，将“自行派兵来华镇压”。帝国主义租界的行政机构工部局，竟派出大批骑巡队，逮捕正在宣传、募捐的学生。中国政府的淞沪警察厅竟为虎作伥，派出爪牙到各区禁止工人的反帝斗争活动。5 月 24 日，工部局逮捕了参加顾正红烈士追悼大会的上海大学 4 名学生，并决定将于 5 月 30 日在“会审公堂”进行审讯。

5 月 28 日，党中央和上海党组织召开了紧急会议。蔡和森在会上详细分析了党的四大以来全国工人运动、农民运动和青年、妇女运动的形势，指出，为追悼孙中山逝世而进行的反帝反封建的政治宣传，使“打倒国际帝国主义”的口号深入人心，由顾正红被枪杀所引起的全上海和全中国的反帝运动正在发展，这场斗争的得失，将决定党所领导的人民群众是否能够持续地动摇帝国主义在中国的特权与统治。因此，蔡和森在会上提出了一个新的战略目标：党应该不失时机地把上海一地的工人、学生的反帝斗争推向全国各大城市，形成一个全国性的反帝运动。为了实现这一目标，他认为关键在于把工人的罢工斗争坚持下去，进一步扩大，并用它来推动整个反帝运动，不失时机地把工人和学生的反帝斗争，汇合到正在蓬勃发展的工、商、学各界的反帝运动中，以争取一切反帝力量的援助；在工人加入了全上海的反帝战线后，又要使他们保持独立，成为整个反帝战线的中坚力量和领导力量。为了对帝国主义分子决定审讯上海大学学生的挑衅行为进行反击，蔡和森建议5月30日这天在上海租界组织反帝斗争大示威。

会后，蔡和森、刘少奇、李立三、向警予等组织学生、工人宣传队，深入各工厂、街道进行宣传，一面口头讲演，一面散发传单。蔡和森面对凶恶的敌人，毫无畏惧地站在英租界捕房门口讲演，慷慨陈词，痛斥帝国主义的种种罪行，号召大家起来斗争。

5月30日，上海各大、中学校学生2000余人分散到公共租界繁华的马路，进行宣传、讲演，示威游行，又有100多人先后被捕，关押在南京路老闸捕房。这更激怒了广大群众，数千人奔赴捕房前，要求释放被捕人员。租界英国巡捕突然开枪，打死13人，伤数十人。制造了举国震惊的五卅惨案。南京路上一片腥风血雨。

面对帝国主义的暴行，5月30日晚，中共中

央举行紧急会议，商量下一步行动方针。蔡和森在会上强调指出，在目前的形势下，必须进一步团结群众，组成浩浩荡荡的反帝大军，实行工人罢工、学生罢课、商人罢市的“三罢”斗争，以反抗帝国主义的暴行。会议同意了蔡和森的意见，并决定由瞿秋白、蔡和森、李立三等组成行动委员会，具体领导这次斗争，组织全上海民众罢工、罢课、罢市，抗议日帝国主义屠杀中国人民的暴行。

上海人民长期郁积的对帝国主义侵略的仇恨，终于像火山一样迸发。6月1日，开始了声势浩大的反帝总罢工、总罢课、总罢市。6月1—10日，帝国主义者又多次开枪，打死打伤群众数十人。英、美、法、意等国军舰上的海军陆战队全部上岸，并占领上海大学、大夏大学等学校。上海人民不惧帝国主义的武力镇压，相继有20万余工人罢工，5万余学生罢课，公共租界的商人全体罢市，连租界当局雇佣的中国巡捕也响应号召宣布罢岗。

6月1日，在蔡和森、刘少奇、瞿秋白、李立三等人的领导下，上海各工会举行了联席会议，宣布成立上海总工会，李立三任委员长。这标志着上海工人运动从分散的状态开始转向集中的有组织的活动。面对如火如荼的革命发展形势，这天晚上，中共中央召开紧急会议，蔡和森在会上提出，在上海应当马上成立工商学联合会，为这一反帝运动的总的领导，以巩固和发展这一运动，成为长期的斗争，同时要马上把运动扩大到全国。中央决定，由上海总工会联合全国学生联合会、各马路商界总联合会等，组成联合战线性质的上海工商学联合委员会，作为运动的公开指挥机关，并决定把斗争扩展到全国。

在中国共产党的领导和推动下，五卅运动的狂飙迅速席卷全国，各阶层广大群众积极参加反帝爱国运动。北京、广州、南京、重庆、天津、青岛、汉口等几十个大中城市和唐山、焦作、水口山等矿区，都举行了成千上万人的游行示威和罢工、罢课、罢市。中国人民的反帝斗争还得到了国际革命组织、海外华侨和各国人民的广泛同情和支援。

围绕着五卅运动，蔡和森以《向导》周报为阵地，做了大量的宣传工作。他在《向导》周报上刊登了《中国共产党为反抗帝国主义野蛮残暴的大屠杀告全国民众》《中国共产主义青年团为反抗帝国主义屠杀中国市民告全国青年》等大量文章。特别强调指出了工人农民和被压迫的广大群众联合起来的必要性，号召人民与帝国主义作不可调和的斗争，并提醒人民谨防帝国主义的离间破坏政策。当反帝斗争推向全国的时候，《向导》周报同瞿秋白主编的《热血日报》，团中央主编的《中国青年》，上海大学主编的《五卅运动专刊》一起，发表了大量文章，大造了革命舆论，有力地推动运动向纵深发展。

五卅运动对中华民族的觉醒和国民革命运动的发展起到了巨大的推动作用。是中华民族直接反抗帝国主义侵略的伟大运动。它冲破了长期笼罩全国的沉闷的政治空气，大大促进了群众的觉醒，显示了各革命阶级、各阶层民众在无产阶级领导下联合斗争的巨大威力，给了帝国主义和军阀势力一次前所未有的打击。在五卅运动中，蔡和森始终站在革命风暴的最前列，发挥了重要的领导作用，成为杰出的群众运动领袖。

链 接

五卅运动对中国共产党党组织发展的重大作用：五卅运动极大地推动了中国共产党的发展，这年年初中共四大召开时共有党员994人，到10月，增加到3000人，年底达到1万人，比五卅运动前增至10倍。五卅运动前，上海有党的支部15个，党员220人，10月，已有支部68个，党员963人。随着运动在全国的推进，在不少原来没有党组织的地方，如云南、广西、安徽的安庆和芜湖、福建的福州和厦门等地建立了党组织。

15

独立自主 以暴制暴

1924年国共合作建立，中国革命进入轰轰烈烈的大革命时期。在国共合作建立之初，蔡和森就保持着清醒的头脑。他认识到，国民党是一个资产阶级政党，在孙中山领导下，国民党中的大多数同志是坚持革命的，孙中山对俄国十月革命也是非常向往的，他希望能够得到苏联和中国共产党的帮助实现中国民主革命的任务。共产党在建立初期，力量非常弱小的情况下，与国民党建立统一战线是必要的。但是在统一战线中，一定要保持共产党的独立性。国共两党合作后，联合战线建立，中国共产党帮助孙中山改组国民党，极大地推动了中国革命进程。

但是，国民党与共产党不一样，两党代表的阶级是不同的，共产党是工人阶级的先锋队，代表的是工人、农民等广大劳动人民的利益。而国民党却是主要代表资产阶级的利益。从国共合作建立初期，国民党内就一直有右派反对同共产党合作。随着国共合作的不断发展，国民革命运动不断高涨，国民党内部进一步发生分化，1924 年 6 月，国民党中央监察委员谢持、张继等提出《弹劾共产党案》，8 月，张继等人又发表所谓的《护党宣言》，公开反对反帝反军阀的政治纲领，诬蔑共产党员加入国民党的目的是消灭国民党。在中国共产党坚决反对下，这些人的主张并没有得逞。

然而，1925 年孙中山逝世后，国民党进一步加速了分化进程。国民党的领导权落入蒋介石、汪精卫等人手中，他们越来越背离广大工农群众的愿望，与中国共产党所追求的民主革命的目标越来越远。特别是从 1927 年开始，国内形势急剧变化。随着中国共产党领导的工农运动继续高涨，北伐军胜利进军，特别是北伐军进抵帝国主义列强利益集中的长江流域后，帝国主义列强感到其在中国的利益进一步受到威胁，于是一方面加紧拉拢以蒋介石为首的国民党右派，一方面加紧准备武装干涉中国革命。国民党右派在帝国主义操纵下公开镇压工农革命运动，侵害工农利益。国共合作继续开展民主革命的这条道路越来越走不通了。

此时，蔡和森正在莫斯科任中共驻共产国际代表。为了加强党的领导力量，中央决定派他回国工作。1927 年 4 月 1 日，蔡和森在途经长沙时，国民党湖南省党部召开欢迎大会。他在会上发表了热情洋溢的演说，并指出，现在革命的发展，第一当注重的是农民问题，“农运是整个革命的根本问题”，强调谁能解决农民问题，谁即可得天下。“惟有占全国人口 80% 以上的农民是革命的中心军队”。应当注重发展经济，解决农民的土地问题。这种重视农民问题的卓越见解，是蔡和森的一贯思想，这种思想与毛泽东的思想是一致的，是关于农民问题的正确见解，是关于中国革命问题的正确思想。

蔡和森在长沙短暂停留后即前往武汉。当时，武汉是革命的中心，是中共中央所在地，国民政府也设在这里。到达武汉不久，刽子手蒋介石在上海发动了“四一二”反革命政变。短短几天之内，上海工人 300 多人被杀，500 多人被捕，5000 多人失踪。在上海发生反革命政变前后，四川、江苏、浙江、安徽、福建、广西和广东等省也发生了以“清党”为名，对共产党人和革命人士进行大屠杀的事件。在四川重庆，反共势力制造了“三三一”惨案，封闭国民党各级党部和省农协、市总工会、市妇联会，搜捕共产党员和革命群众，伤亡 400 多人，重庆地委书记杨闇公等人惨遭杀害。在广州，李济深制造了“四一五”惨案，仅 7 天就抓捕 2100 人，其中共产党员约 600 人，100 多人被秘密杀害。与此同时，北方军阀张作霖也命令军警在北京逮捕大批共产党员及其他革命者，中国共产党的主要创始人和领导人之一李大钊不幸被捕，英勇就义。

面对反动派的猖狂进攻，在大革命生死存亡的紧急关头，1927 年 4 月 27 日—5 月 9 日，中国共产党在武汉举行第五次全国代表大会。蔡和森参加了这次大会。在会上，蔡和森与瞿秋白、毛泽东等代表一道，对陈独秀的右倾机会主义错误提出了严肃的批评。蔡和森当选为政治局委员、常委，宣传部部长。这次会议是在“四一二”反革命政变发生仅仅半个月之后召开的，在那种特别复杂而又极其艰难的情况下，这次会议没有对当时全党上下最焦虑、最关切的问题——如何从危难中挽救革命给出明确有效的具体措施，难以承担起挽救革命的重任。

中共五大以后，国民党反动派继续加紧反革命活动，而继续担任总书记的陈独秀仍然顽固坚持错误，继续推行和发展他的右倾机会主义错误。蔡和森却认清了国民党右派的真实面目，他主张坚决反击。1927年5月18日和21日，夏斗寅、许克祥相继于湖北的宜昌和湖南的长沙发动反革命政变。消息传到武汉之后，蔡和森与李立三向中央建议，由叶挺部及中央军事政治学校一部武力，立即占领粤汉路，兜剿夏斗寅，若唐生智全部叛乱，则直由粤汉路取湖南为根据地，再进攻湖北与广东，同时，广泛发展工农群众团结起来作殊死战，扩大工农纠察队武装，开赴前敌助战，“积极准备武力对付，以暴动对付暴动”。遗憾的是，当时的中央总书记陈独秀坚持右倾机会主义立场，指导中国共产党工作的共产国际代表罗易、鲍罗廷也认为当时的中心问题是处理与国民党左派的关系，而不是集中力量镇压反革命，蔡和森与李立三的建议只被采纳了一半，即决定由叶挺部率中央军校武力迎击夏斗寅，而迅速发展工农武装的提议则被搁置一边。

继湖北、湖南反革命政变之后，朱培德在江西叛变，冯玉祥在河南进行反动活动，武汉处在反革命势力四面包围之中。在这种紧急形势下，中共中央曾多次开会讨论对策。在讨论中，共产国际两位代表争论不休。在国民党右派已经发动多处反革命政变的情况下，鲍罗廷仍然强调和国民党的关系是当时的中心问题，指责工农运动“过火”，认为当时只能减租减息，不能搞土地革命。罗易在许克祥“马日事变”后主张反击，但是提不出有效对策。陈独秀支持鲍罗廷的意见。蔡和森对他们的意见都不同意，他坚持自己的以暴动对付暴动的主张，认为应该把工作中心放在发展工农运动、扩大工农武装、解决农民土地问题上，主张对反动派进行坚决的反击。只可惜他的主张没有被中央采纳。

后来，蔡和森痛切地总结这段历史，认为如果当时共产国际代表、中共中央能够采纳自己的主张，“把中央政治局的火线集中于发动自己的势力去扑灭一切反革命和阴谋，两湖是决不会失败得那样迅速和可耻”。他还认为，从夏斗寅、许克祥叛变之时起，我们党便应以“进攻”“暴动”“政变”为中心问题，只有以进攻对付进攻，以暴动对付暴动，以政变对付政变才能制胜一切敌人。

1927 年 6 月初，当时还处于武汉国共合作时期的国民政府首领汪精卫到郑州和冯玉祥举行会议，武汉国民党的反共倾向越来越明显。为摆脱困境，寻求对策，陈独秀、鲍罗廷提出“东征”蒋介石，罗易、谭平山提出“南伐”广东，蔡和森则不同意这两种意见，他提出应首先解决两湖问题，把许克祥、夏斗寅的叛变解决。他分析了国民党各派军阀各自打的小算盘，说：“北伐是冯玉祥的事，东征是唐生智的事，都与我们无关，我们不要再为他人做嫁衣裳，伐来伐去，依然两袖清风，一无所得！这便是说现在我们必须坚决地自觉地来干我们自己的事，来找我们自己的地盘和武力。”蔡和森旗帜鲜明地提出，在国民党右派纷纷叛变的情况下，我们党不能再为国民党军阀做嫁衣了，不能再在国民党的旗帜下工作了，要坚定地、自觉地、独立自主地发展自己的力量，要建立我们“自己的地盘和武力”，提出共产党要独立领导革命的响亮呼吁。

历史证明蔡和森的主张是正确的。在他提出建立“自己的地盘和武力”不到两个月之后的1927年8月1日，面对国民党的屠刀，中国共产党领导了八一南昌起义，打响了武装反抗国民党反动派的第一枪。8月7日，党紧急召开八七会议，提出土地革命和武装起义的方针。开始了中国共产党独立领导革命的新的历史时期。今天，透过历史的尘埃，我们再来阅读蔡和森的深具远见的主张，不得不佩服他的远见卓识和革命的担当精神。

但是，蔡和森的正确主张不但没有被采纳，相反，由于他的主张与当时中央的右倾机会主义的错误领导不相符合，他还受到了处分，被撤销了代理中央秘书长的职务。无奈，他告假住到武昌毛泽东处养病。养病期间，他仍然关心着局势的发展，向中央常委写信，建议中央制订军事计划，以备万一。在毛泽东住处，他接触到不少从湖南来向毛泽东反映农民运动情况的农民，他们要求对反动派的屠杀进行反击。农民代表的要求使蔡和森更坚信自己的“以暴动对付暴动”的主张是正确的。

1927 年 7 月 15 日，“七一五”反革命政变发生，武汉汪精卫国民政府也对共产党人和革命群众举起屠刀，蔡和森立即从医院出来，接连写了 7 封信给中央常委，提出请中央开一正式全体会议决定新方针、重新号召土地革命、在国民党张发奎军队中准备独立动作等建议。这些建议，都是符合当时革命的实际情况的。但是，并没有得到以陈独秀为首的中央的同意和采纳。

在党为挽救革命和清算陈独秀右倾机会主义错误而召开的八七会议上，蔡和森和毛泽东、瞿秋白、任弼时等同志一起，批评大革命后期以陈独秀为首的中央所犯的右倾机会主义错误，提出要执行新的方针，要更换领导人，他竭力推荐指导农民运动颇有成果的毛泽东进中央政治局，再次表现出他在历史紧要关头的大智慧和敏锐的洞察力。

16 赴莫斯科参加六大

大革命失败了，第一次国共合作失败了，中国革命进入中国共产党独立领导的时期。如何认识这时的社会性质，以及革命的性质、动力、前途等重大问题，党内存在着认识上的分歧和争论。为解决这些争论，迫切需要召开一次党的全国代表大会进行认真讨论。这个问题在大革命刚刚失败不久就提出来了，但是在当时国内严重的白色恐怖之下，国民党反动派到处抓捕共产党人和革命群众，很难找到一个能够保证安全的地方开会。经共产国际同意，决定中共六大在苏联境内召开。

1928年6月18日—7月11日，蔡和森出席了中共六大。在大会上，他在讨论政治报告、农民土地问题、职工运动等问题时，作了多次发言。在发言中，他总结党在大革命时期以及土地革命战争初期的历史经验，着重批评了土地革命初期出现的“左”的盲动主义错误，指出中国革命的不平衡性，指出农村割据是有可能实现的。

特别是在大会讨论农民土地问题时，蔡和森的发言非常精彩，他从中国革命的不平衡性中分析，得出在农村进行武装斗争，建立红军和实现割据局面的可能。他首先肯定了游击斗争是农民运动的主要方式，无论南方北方都是如此。他说：“游击斗争方面，这个问题在策略上主要的问题，首先要问游击斗争方式是不是农民运动的主要方式，不但在南方北方亦如此，以事实看无论哪地，农民运动起来很快地转到武装斗争方面，阶级斗争一激烈，一定向这方面走。”

然后，他从几个方面分析了农民运动、游击斗争的发展。“1. 游击斗争与过去零碎斗争方式已改变，零碎斗争易被敌人分段击破。2. 游击斗争得到的是什么？从前说大一点，游击斗争得到割据局面，现在切实说得到建立红军，得到训练农民武装，还有破坏旧军队。游击斗争影响敌人甚大，使敌人军队瓦解，这不仅在组织农民武装和建立红军而已，现在的问题在于游击斗争的出路怎样？过去认为割据局面有可能，现在认为成问题。我以为这是有几方面关系，一方面与帝国主义，另一方面与军阀统治有关。再者游击斗争要发展到什么程度？这看我们本身与敌人阶级力量的比重怎样，如果游击斗争有广大群众发动，那么夺取城市可以干的”。

这些分析，蔡和森肯定了农民的游击斗争有建立红军、实现割据局面的可能性，这些结论，已经非常接近毛泽东关于工农武装割据的结论了。这些闪烁着马克思主义理论光辉的语句，是蔡和森在关于中国革命道路的理论问题上对中国革命作出的重要贡献。

中共六大召开之前，毛泽东已经带领秋收起义的队伍，上了井冈山。蔡和森在中共六大上的发言，可以说，支持了毛泽东工农武装割据的实践。在这次会上，蔡和森继续当选为中央委员，并在六届一中全会上当选为中共中央政治局委员、常委。

在中共六大召开期间，由于苏联气候条件与中国相差很大，导致蔡和森的哮喘病急剧发作。但他一直坚持参加会议，从不休息。曾经有人问他，为什么不去医院看看病情。他回答说，自己不会讲俄语，如果去医院，就需要带上翻译，这样做的话，就会给组织上添麻烦。从这件事，蔡和森深切地意识到多学习几种外语的重要性，从此开始认真地学习俄语，很快就学会了一般生活交际用的俄语。

17 研究党史 总结经验

中国共产党历史是中国近现代史的重要组成部分。认真总结党的历史、研究党的历史，对于推动党的事业具有重要作用。蔡和森作为党的二届至六届的中央委员，五、六届的中央政治局委员、常委，是党的早期历史的参与者和创造者，更是党的早期历史的记录者和研究者。他完成了中共党史研究的第一部著作《中国共产党史的发展（提纲）》和第一部专门史《党的机会主义史》，以及《论陈独秀主义》等著作。他用马克思主义立场观点方法研究中国共产党历史，奠定了中共党史学的学科基础。

蔡和森在党的历史上第一次深刻揭示了研究

中共党史的重要意义。他明确指出：只有明白我党的历史，才能“知道中国革命及我党要如何发展及其发展的道路如何”；中国共产党从建党到 1926 年只有 5 年时间，但是这 5 年中，已经能“领导中国无产阶级由经济的争斗走到政治的争斗，由日常生活的争斗，又走到一般的争斗”，已经超过了俄国以及欧洲工人政党几十年甚至近百年的历史中所做的工作，所以党的历史“值得我们研究”；中国共产党作为忠实的无产阶级的先锋队，只有“亲切地深刻地知道党的历史”，才能“明白自己的责任”。他从党肩负的历史使命、党史研究及党员教育等方面，强调了学习研究党史的重要意义在于总结历史的经验教训，担当起党应负的责任，指导革命斗争的进行。

蔡和森明确指出了中共党史研究的方法和原则，指明了研究中共党史的基本思路和基本框架。他指出，研究中共党史要用历史的方法，就是要把中共党史放在一定的时间和一定的空间，作为一定条件下的历史过程来研究。他在党史著作中第一次区分了中国民主革命的两个阶段，即五四以前的旧的阶段和五四以后的新阶段的革命运动。在说明中国为什么会产生中国共产党这个基本问题时，他从中国产业的发展、自然的罢工运动、五四运动与上海的罢工、俄国十月革命的影响与先进分子的形成、党的形成及其初步的工作 5 个方面，从政治、经济、社会、阶级及国际等方面分析了党产生的具体背景，说明了中国共产党建立的历史必然性和必要性。他以大量篇幅肯定党成立以来所取得的巨大成绩，同时也指出党的工作所存在的种种不足，坚持了马克思主义实事求是的原则。

蔡和森对中国共产党从创立到大革命失败后的这段历史进行了研究，对这段历史的经验教训进行了初步总结。他的研究范围涵盖了党的创建、党的代表大会以及党领导工人运动、农民运动、妇女运动、青年运动等方面的情况。他注重总结历史经验教训，尤其难能可贵的是，他从党的建设方面总结了党从创建到 1927 年这段时间的教训，指出实行和坚持民主集中制的重要意义。他指出，党的建设面临的任务是把党改造成“伟大的健全的中国无产阶级革命的大政党”，把党的指导机关改造成

“由群众选举，由群众监督，相当的能受群众正确的影响”的机关。

蔡和森开创了党史研究为党的建设和党领导的革命事业服务的先例和传统。他在中共党史研究方面的理论建树和成就，不仅闪耀着历史唯物主义的思想光芒，而且起到了总结党的历史经验教训、维护党的团结统一、增强党的战斗力的作用。

18

临危受命 壮烈牺牲

中共六大结束后，蔡和森等回到国内为贯彻党的六大决议而斗争。在 1928 年 11 月的中央政治局会议上，因顺直省委问题，蔡和森被解除中央政治局委员和政治局常委的职务。面对过火打击，蔡和森并没有悲观失望，他继续以马克思主义的正确态度，坚持革命，坚持斗争。1928 年年底，他被派到莫斯科担任中共驻共产国际代表团成员。

链 接

顺直省委问题：顺直是指北京（曾名顺天府）和河北（曾名直隶省）。顺直省委是中国共产党在北方的组织，之前是中共北方区委。1927年4月负责北方工作的李大钊遇难后，5月，中央决定成立顺直省委。在敌人的白色恐怖下，党在北方的工作长期不能打开局面，问题越积越多，党员干部思想出现混乱。八七会议后，中央决定成立北方局，授权王荷波、蔡和森组建北方局，并解决顺直问题。北方局于9月召开顺直省委扩大会，改组省委。之后，北京、天津市委遭到敌人破坏，顺直党的组织陷入危机。1928年1月，蔡和森作为中央巡视员主持顺直省委改组。但这次改组也存在问题，没有根本解决顺直省委问题。同年7月，顺直省委再次改组后，唐山、遵化、玉田、乐亭四县部分党员干部成立“护党请愿团”，不承认新的省委。顺直省委管辖范围较大，它出现的问题严重影响了北方地区党的工作开展。11月，中央政治局会议决定派周恩来到顺直巡视，解决问题。1929年6月，党的六届二中全会对顺直问题作出总结。

1930年上半年，中共党内发生了严重的李立三“左”倾冒险错误，为帮助中共中央纠正错误，决定派蔡和森回国工作。这年9月，他出席了党的六届三中全会，与党内同志一起纠正了李立三的严重错误。之后，他还参加了共产国际在莫斯科召开的批评李立三错误的会议。然而，不幸的是，1931年1月，通过中共扩大的六届四中全会，以王明为主要代表的“左”倾教条主义错误开始在党中央占据统治地位。之所以会出现李立三、王明等的错误，这和当时共产国际的不正确的指导有关系，也由于当时中国共产党还处于幼年时期，党内许多人对于马克思主义理论和中国革命的实际仍然缺乏完整的、统一的理解，以毛泽东为代表的中国共产党人对中国革命的正确道路的探索还在进行之中，还没有得到全党的一致认可。

面对国民党的残酷镇压以及党内错误路线的统治，以蔡和森等为代表的坚定的马克思主义者继续顽强地坚持斗争。1931年年初，蔡和森根据中共中央指示，从莫斯科回到国内开展新的斗争。他刚到上海，就遭到以王明为首的新的“左”倾教条主义错误的排斥和打击，没有恢复他的中央政治局委员的职务。本来蔡和森提出想到中央苏区去工作，因为中央苏区是农民运动和武装斗争的一线，是他一直主张的农民运动、武装割据的实践场。参加革命以来，他的大部分时间都是在党中央机关工作，缺乏实践斗争一线的工作经验。但是，对于这个合理的要求，“左”倾中央也没有批准，而是派他去主持异常困难复杂的广东省委的工作。

当时，广东省委的工作迫切需要得力的人去领导。但广东的情况非常不好，省委遭到严重破坏，省委机关所在地的香港也处于极为严重的白色恐怖之中。当时，他的外甥女刘昂（又名刘千昂）刚从香港回到上海，知道舅舅蔡和森要去香港工作的消息后，就介绍了香港的情况，并说那里实在危险，建议他不要去。但蔡和森对外甥女关切的建议丝毫不在意，甚至不耐烦，他说：“干革命，哪里需要就去哪里，不能只考虑个人的安危。”于是，他毅然赴港。

蔡和森到香港后，香港的党组织对他的到来表示热烈的欢迎，在充满了国民党特务暗探的环境中，想方设法为他找一个尽量安全的住处。连找了几处都不满意。最后，选定在一家洋酒罐头公司的楼上，对外的公开身份是这家公司的职工。这里的房子很窄，也说不上安全。同志们鉴于环境险恶，革命与反革命的斗争非常激烈，对他的住处很不放心。但蔡和森为了为党节省经费，没有另外租房子办公，一家三口就住在这里。

他立即投入紧张的战斗。每天跑一段很长的路到省委秘书那里，听取汇报，批阅文件，研究工作，各种活动十分繁忙。他决心恢复被破坏的党的组织，重新点燃革命的熊熊烈火。他不到省委办公的时候，就深入工人群众，了解情况，在极端恶劣的环境下，领导和组织党的地下斗争。他还积极恢复和开展党在各条战线的工作，使工人运动、学生运动、文化运动和国民党军队中的士兵运动日益勃兴，取得了一定成效。

他经常深入工厂、学生中间，参加秘密会议，了解群众的生活和斗争情况。他注意做细致的思想工作，不论是革命骨干，还是普通群众，他都能根据相关同志的具体情况，和他们有针对性地谈心。

蔡和森到香港工作之前，4 月 24 日，中央特科负责人顾顺章在汉口被捕，他可耻地叛变了党组织，并指使国民党特务在上海等处大肆搜捕共产党人。29 日，由于顾顺章告密，恽代英被捕，在南京被害。在香港工作的蔡和森也处于危险之中。当时有同志对他说："你是敌人最注意的人物，而且被捕的同志中，可能有意志不坚定的人，你的处境太危险了。不如离开香港，到上海要求党中央另派同志来工作。"可是，面对有可能被捕的危险，蔡和森坚定地回答："确实我的处境有困难，可是，唯其这样，我更不能离开。大风大浪的时刻，一定要沉着，镇定，香港是我党的重要据点，许多重要负责同志牺牲了，我的离开，又少了一份力量，也会叫工人们失望，我决不能离开。"表现了一个革命家坚定沉着的风度和人格。就这样，在极度的危险中，蔡和森在香港坚持工作。

6 月 10 日，蔡和森出席海员工会的一次重要会议。当时，家人和同志们认为，他是敌人的重点抓捕对象，又正处于顾顺章叛变的危险时刻，目标

太大，非常危险，劝他不要去现场开会。可是蔡和森认为，这次会议非常重要，他知道香港有大革命时期开展海员罢工、省港大罢工的革命传统，香港的海员有很强的革命性。这次来香港，他的工作重点之一就是要重整海员工会，发挥其在省港大罢工时的先锋作用。所以，这次香港海员的会议他是一定要去的。

不幸果然就发生了。就在他刚进入会场之时，就被已经蹲守在那里的叛徒顾顺章认出来了，他被特务逮捕了。

蔡和森被捕后，党组织立即派人营救。党员李少石通过一个社会团体与香港英国当局联系，答应付给一笔巨款，将蔡和森保释出来。但当李少石筹足款项时，蔡和森已在两小时前被引渡给广东军阀陈济棠了。

在广州监狱中，蔡和森受到国民党反动派的种种酷刑，他横眉冷对，大义凛然，坚强不屈，信念坚定，从容镇定地与敌人展开针锋相对的斗争，没有说出党的任何情况。他被打得血肉模糊，躺在地上动弹不得。尽管敌人百般折磨其肉体，摧残其筋骨，但其革命意志愈加坚定。难友们看他受苦，都伤心地哭泣。敌人的残酷折磨，没有摧垮蔡和森的坚强意志。他鼓励大家坚持斗争，并坚信最后胜利一定是属于我们的。

敌人想公开审讯蔡和森，又害怕社会舆论的指责，于是决定把蔡和森杀害。1931 年 8 月 4 日，蔡和森在广州被国民党杀害。年仅 36 岁。蔡和森同志的壮烈牺牲，充分表现了一个共产党员的钢铁意志和坚贞的革命气节。他用自己年仅 36 岁的宝贵青春，谱写了中国革命史上的壮丽篇章。

蔡和森的一生虽然是短暂的，但他为革命所作的贡献是极为巨大的，是永恒的。蔡和森的不朽业绩、革命精神和崇高风范，像一座丰碑永远耸立在中国共产党和中华民族英勇奋斗的历史上，永远铭刻在中国共产党人和中国人民的心坎里。

毛泽东对蔡和森给予高度评价，“一个共产党员应该做的，和森同志都做到了”。从 1921 年加入中国共产党，到 1931 年牺牲，他作为一个共产党员，虽然党龄只有 10 年，却做到了共产党员应该做到的一切。

蔡和森的一生是短暂的，但他为中国革命所作的贡献是长久的，是不朽的。他的一生，是为党的事业鞠躬尽瘁的一生，是为传播和捍卫真理而英勇奋斗的一生。他以共产主义者的伟大理想、马克思主义者的真知灼见和无产阶级革命家的英雄气概，照亮大地，照亮星空。邓小平同志曾说："蔡和森同志是我党早期的卓越领导人之一，他对中国革命作出了重大的贡献，中国人民永远记着他。"蔡和森同志用一生的革命行动践行了一个共产党员对党、对人民的无限忠诚，对革命事业的勇敢担当和牺牲精神。

革命导师马克思曾经说过："每一个社会时代都需要有自己的伟大人物，如果没有这样的人物，它就要创造出这样的人物来。"近代以来，旧中国国难当头、民不聊生，有志之士前仆后继、接力探寻，但真正能把握历史发展方向，找到适合国情的强国富民道路的只是有限的一部分人。而找到这条道路又能坚持下去并引领群众前行的人，更只有少数富有深刻洞察力、富有崇高理想、富有爱国爱民情怀的先驱。蔡和森就是这样的人，就是这样的率领大家前行的革命先驱。

蔡和森离开我们已经80多年了。80多年来，党和人民一直没有忘记他，他的革命精神一直激励着后人奋勇前行。今天，他为之奋斗的革命事业早已取得历史性胜利，他追求的富国强民梦想正一步步变成现实。习近平总书记指出："现在，我们比历史上任何时期都更接近中华民族伟大复兴的目标，比历史上任何时期都更有信心、有能力实现这个目标。"肩负着实现中华民族伟大复兴的历史重任，我们要学习蔡和森同志等老一辈革命家无比坚定的理想信念、匡复中华的责任担当、爱国爱民的炽热情怀、上下求索的创新精神，在实现中华民族伟大复兴中国梦的壮阔征程上，攻坚克难、勇往直前！

图书在版编目（CIP）数据

蔡和森 / 张树军主编；徐玉凤编著. --北京：学习出版社，2019.5（2021.5 重印）

（中华先烈人物故事汇）

ISBN 978-7-5147-0905-6

Ⅰ.①蔡… Ⅱ.①张… ②徐… Ⅲ.①蔡和森（1895-1931）—传记 Ⅳ.①K827=6

中国版本图书馆CIP数据核字（2019）第091134号

蔡和森

Cài Hésēn

主编/张树军 副主编/王相坤 编著/徐玉凤

责任编辑：王 洋　　封面绘画：邵家声
技术编辑：贾 茹　　内文插图：满振江
美术编辑：杨 洪　　组织绘图：上海志愿文化公司

出版发行：学习出版社
北京市东城区崇外大街11号新成文化大厦B座11层
（100062）
010-66063020 010-66061634 010-66061646
网 址：http://www.xuexiph.cn
经 销：新华书店
印 刷：北京盛通印刷股份有限公司

开 本：787毫米×1092毫米 1/32
印 张：4.875
字 数：69千字
版次印次：2019年5月第1版 2021年5月第13次印刷

书 号：ISBN 978-7-5147-0905-6
定 价：19.00元